호구력 만렙이 쓴 신랄한 자기분석

호구의 탄생

조정아 지음

호구의 탄생

초판 1쇄 발행 2023년 3월 27일

지 은 이	조정아
일러스트	이경민
발 행 인	권선복
편 　 집	한영미
디 자 인	서보미
전 자 책	권보송
발 행 처	도서출판 행복에너지
출판등록	제315-2011-000035호
주 　 소	(157-010) 서울특별시 강서구 화곡로 232
전 　 화	010-3993-6277
팩 　 스	0303-0799-1560
홈페이지	www.happybook.or.kr
이 메 일	ksbdata@daum.net

값 17,000원

ISBN 979-11-92486-64-2 (13190)

도서출판 행복에너지는 독자 여러분의 아이디어와 원고 투고를 기다립니다. 책으로 만들기를 원하는 콘텐츠가 있으신 분은 이메일이나 홈페이지를 통해 간단한 기획서와 기획 의도, 연락처 등을 보내주십시오. 행복에너지의 문은 언제나 활짝 열려 있습니다.

호구력 만렙이 쓴 신랄한 자기분석

호구의 탄생

조정아 지음

오늘도 호구한 날, 이제는…
건강한 개인주의·이기주의·한탕주의자가 될 거야!

호구질 하다 분해서 이불킥 하는 사람들이 호구 잡히지 않고 행복해지는 법

도서
출판 행복에너지

온순한 너 꺼져, 흑화할 거야!

"대체 니들은 날 어떻게 알아보는 걸까?"

– 드라마 [더 글로리] 대사 중에서 –

육식형 갑질 인간과 초식형 을질 인간의 콜라보

"흰 토끼를 따라가시오!(Follow the white rabbit!)"

영화 [매트릭스]에서 나오는 대사입니다. 이후 주인공 네오는 진실의 세계를 접합니다. 소설 『이상한 나라의 앨리스』에게서도 시계를 든 토끼가 앨리스를 이상한 나라로 안내합니다. 서양의 이야기나 문화콘텐츠 속 토끼는 미지의 세계로 이끄는 '안내자'로 상징되는 경우가 많습니다.

혹은 애니메이션 [주토피아]에 나오는 토끼 경찰 '주디'처럼 약자를 지키고 사건을 해결하는 '주인공'으로 나올 때도 있습니다.

반면 동양의 이야기에서 토끼는 총명하고 지혜로운 모습으로 나타날 때도 있지만 대부분 겁이 많고, 온순한 '약자'로 나타나는 경우가 더 많습니다.

저 역시 토끼 같은 초식동물과의 사람입니다. 실제로 토끼띠인 저는 겁이 많고 섬약한 기질을 가진 사람입니다.

학교에 다니고 직장을 다니는 등 집단생활을 하면서 사람들의 성향은 현저히 갈리고 구분됩니다. '외향형'이 있고 '내향형'이 있고 그 중간지점 스펙트럼에 존재하는 사람들도 무수히 많습니다. 흔히 '외유내강형', '외강내유형'이라 불리는 혼합형의 사람들이죠.

토끼처럼 초식동물과의 유약한 사람들은 자기감정을 표출하는 것을 자유자재로 하지 못하는 사람들입니다. 자신이 가진 감정을 세상 속에 드러내 보이는 데 있어서 어색함 또는 부끄러움을 많이 느끼는 사람들이죠. 그들은 방심해서 드러낸 연약한 자기 감정들이 타인에 의해 상처 입거나 부서지는 것을 극도로 꺼리고 두려워합니다.

학교에 다닐 때 기가 센 친구들과는 제 선에서 미리 거리를 뒀습니다. 자기 감정을 거리낌 없이 드러내며 깔깔 웃는 그 아이들이, 난데없이 기분이 격변해 급우들에게 상스러운 욕설을 해대는 또래의 친구들이 너무도 무서웠습니다. 모기만한 목소리로 교과서를 겨우 읽어내는 제 뒤에서 옷자락을 잡아당기며 놀리는 그 아이들이 미웠습니다.

다 커서도 달라지지 않았습니다. 기본적으로 발표불안에다가 대인공포가 극심했던 전 발표를 할 기회가 생기면 알아서 고사했습니다. 그 모든 발표 자료의 기초를 다 완성한 사람이 저라도 말입니다.

식당에 가서 반찬 한 접시 더 달라는 소리도 못 하고, 남편의 직장에 빠진 서류를 갖다주려고 갔다가 아래위를 흘금거리며 용건을 묻는 경비원이 무서워서 정문 언저리에서 남편과 통화한 후 한파의 추위 속에서 달달 떨며 기다리던 사람도 저였습니다.

지하철 회사 직원으로 근무하면서 일방적인 항의를 하는 고객의 전화 목소리에도 목덜미가 시뻘겋게 달아오른 채 고스란히

다 듣는 사람, 권위적인 성향의 상사가 고함을 지르면 내내 손을 바르르 떨며 고개 조아린 사람, 후배 남성 직원이 고의로 직급 호칭을 한 단계 낮춰 틀리게 부르거나 선배라는 호칭 없이 바로 "조정아 씨"라며 불러제껴도 항변도 못 하고 수치심에 눈물을 흘렸던 못난 사람이 저였습니다.

제 성격이 너무 싫어서 그리고 탈피하고 싶어서 정신과 상담도 받았고, 사회공포증 치료약도 먹었습니다. 그리고 심리학 공부를 시작했고, 임상심리사 자격증을 취득했습니다. 곧 상담심리 대학원에도 들어가 공부할 예정입니다.

이런저런 생각을 하며 새로운 해를 맞았습니다. 이 한 해가 내 인생에 새로운 길을 안내해 준 새로운 시간이 될 것인가, 타인과 세상이 무서워 벌벌거리며 또 하루하루를 약한 신경줄로 견디어 내야 하는 치욕의 시간이 될 것인가를 걱정하고 있던 차에 우연히 광화문 서점에서 A씨를 만났습니다.

그리고 그녀와의 만남 이후, 저는 우리 같은 호구질에 능한 사람들의 심리를 고찰하는 책을 꼭 써봐야겠다고 다짐했습니다.

대체 당신들은 우릴 어떻게 알아보는 걸까요?

A씨는 제가 한창 삶과 사람에 관한 관심이 많아서 드라마 공부

에 천착하던 때에 만났습니다. 여의도에 있는 방송작가교육원에서 처음 만났을 때 다른 사람들보다 그녀를 특히 더 기억하고 있는 이유는 단순했습니다. 자기소개하는 시간에 나만큼이나 떨리는 염소 울음소리를 내며 긴장한 채 말하는 사람은 그녀밖에 없었기 때문입니다.

그녀는 띠동갑의 어린 동생이었지만 비슷한 성격이라 금세 친해질 수 있었습니다. 저는 그녀가 살아오면서 가졌던 걱정과 노파심과 억울함을 알아챘고, 깊이 공감해 줬습니다.

같이 밥을 먹다가 그녀가 최근 결혼했다는 사실을 알았고, 뛸 듯이 기뻐하던 저를 그녀는 미소 띤 채 쳐다봤습니다. 그러고는 즉흥적으로 그녀의 일산 신혼집에 절 초대했습니다.

제가 그녀의 결혼 소식에 깊은 축하를 건넸던 이유가 있었습니다.

그녀는 제 인생에서 만난, 정말 착한 여성을 꼽으라 하면 세 손가락 안에 드는 친구였습니다. 하지만 그녀의 인생은 나이에 비해 고단했습니다. 학교에 다닐 때 성폭력을 행한 남자와 어찌어찌 끌려다니듯 사귀게 되었고, 애정을 빙자한 그의 가스라이팅을 한 3년 정도 당했습니다. 주변에서 그를 욕하며 그와의 사귐을 만류하면 그녀는 말했습니다.

"나를 너무 사랑해서 그래. 내가 더 잘하면 바뀔 거야. 나 같은 애를 그 사람만큼 좋아해 주는 사람을 어떻게 또 만나?"

안팎의 인성이 완전히 다른 그의 폭력은 교묘했기에 오랜 시간 수면 아래에 있었습니다. 그러다가 주변에 노출되고 나서야 그녀는 힘들게 그에게서 벗어날 수 있었습니다.

정말 글을 잘 쓰는 작가였고 남의 글도 성심껏 읽어주고 자신만의 해석을 달아주는 좋은 독자이기도 했던 그녀.

그녀가 쓰는 글이나 좋아하는 글 모두 그녀의 성품을 닮아서 순하고 착한 글이었습니다. 방송작가교육원에서 인기가 있을 만한, 소위 막장이라는 캐릭터를 그리는 데 번번이 실패할 정도로 말입니다. 강사는 '순한 맛 막장'이라 재미없다고 그녀의 글을 신랄히 평가했습니다.

몇 번 정도 그녀의 글을 읽으면 알 수 있는 것이 있었습니다. 온순한 그녀의 이면에는 상처를 잘 받고, 늘 타인의 애정에 목말라 하는 연약한 소녀가 웅크리고 있다는 사실을요.

그녀는 자신의 순한 기질이 사회생활을 하는 데 너무 많은 걸림돌로 작용하는 걸 잘 알고 있었고, 그래서 힘들어했습니다. 그녀는 자신의 내성적이고 온순한 성격을 모욕하고 이용만 하는 타인과 사회와 세상을 여전히 두려워하고 꺼려했습니다.

광고 기획사인 그녀의 직장에서도 선배나 동기들은 착한 그녀의 능력을 통해 한껏 도움을 받아놓고는 실적을 가로채기 일쑤였고, 그녀의 후배들은 그녀를 물렁물렁한 선배 취급을 한다고 씁쓸하게 말했습니다. 순한 그녀는 여전히 "그만해!"조차도 외치지 못했고요.

다행히 그녀에게도 그녀 자체를 좋아해 주는 동료들이 있었습니다. 가만히 들어보면 그녀와 비슷한 초식과 동물처럼 온순한 이들이었습니다. 이렇게 다시 그녀를 사랑하는 사람도 생겼으니 다행이라고 생각했습니다.

그녀는 토끼를 반려동물로 키우고 있었습니다. 토끼가 주인과 애착 관계를 형성할 수 있다는 것도 그녀와 그녀의 토끼를 보고 알았습니다.

그녀는 자신이 키우는 겁 많고 온순한 이 토끼가 본인을 많이 닮아서 더 애착이 간다고 말했습니다. 유기농 메리골드를 먹이로 주자 오물오물 먹어대는 작은 토끼를 보며 그녀가 씁쓸하게 말했습니다.

"언니! 메리골드의 꽃말이 뭔지 알아요? '반드시 오고야 말 행복'이래요. 나는 계속 기다리고 있어요. 진짜 행복한 날이 오면 정말 많이 눈물이 날 것 같아요."

들어보니 호락호락하지 않은 그녀의 세상은 여전히 현재진행형이었습니다. 시어머니와 시누이들이 그녀의 사실혼 이력을 어떻게 알고서는 늘 트집 잡았고 시시때때로 그녀의 지난 삶을 모욕했습니다. 그녀의 남편조차 이해해 준 그녀의 힘든 시간을요.

어지간한 시집살이를 호되게 당하면서도 아마 그녀는 여전히 제대로 싸우지도 항변하지도 못할 겁니다. 그런 스트레스 때문인지 그녀는 난임으로 마음고생이 심했습니다. 그녀를 정말 사랑하는 남편의 방어가 없었다면 그녀는 제풀에 그 결혼생활을 먼저 정리했을지도 모를 일입니다.

을질과 호구질, 이만 끝내겠습니다

그녀와 비슷한 성격을 가진 저는 그녀에게 섣불리 "몽땅 뒤엎어 버려!", "왜 바보같이 당하고 있냐?"는 소리조차 쉽게 건네지 않습니다. 우리 같은 사람들에게는 그런 조언이나 위로조차 폭력이 된다는 것을 잘 아니까요. 그저 잘 살아줬고 근근이 잘 견뎌내 준 그녀의 손을 수줍게 꼭 한번 잡아줄 뿐이었습니다.

고의로 직급 호칭을 한 단계 낮춰 틀리게 부르거나 선배라는 호칭 없이 바로 "조정아 씨"라며 저를 부른 후배 직원은 저보다 기수가 높은 선배가 호통치는 바람에 절절매다가 고개를 푹 숙여 제게 사과했습니다. 하지만 지나고 보니 참으로 찝찝한 사과였습니다.

지금 와서 보니 그 방식은 잘못된 것이었습니다. 항의하더라도, 혼을 내더라도 제가 해야 했습니다. 타인에게 의존해 대리로 사과받았다는 자괴감과 후회는 지금도 저를 괴롭히고 있으니까요.

저나 A씨 같은 사람들도 변해야 하는 지점이 분명히 있습니다. 소위 말하는 '을질', '호구질'에 이처럼 능해질 수 있었던 성격적인 틈새, 감정적 결핍을 발견해 메꾸는 것도 필요합니다.

차라리 호구 같은 토끼보다는 흑화*를 해서라도 사람들에게 함

----

* 원래 선한 사람의 인격과 성향이 완전 180도 바뀌는 것을 뜻한다.

부로 굴지 말라는 매서운 경고를 퍼붓는 마라맛 존재가 될 필요가 있습니다.

물론 어렵겠지요. 아무나 매운맛 반격을 할 수 있는 것은 아니니까요. 하지만 할 수 있다고 생각합니다. 그냥 한번 '미친 놈', '미친 년' 되면 또 어떻습니까? 그래 봐야 백 년도 채 못 사는 인생. 이 소심한 반항의 기록으로 남은 나날을 후회하지만 않는다면 뭔들 못 해 볼까요?

이 책은 토끼 같은 유순하고 예민한 성정을 가지는 바람에 세상 살기가 많이 힘들었던 이 땅의 무수한 'A씨'들을, 그리고 '나'를 위로하는 글입니다. 이들이 이 책을 계기로 새로운 삶의 방향을 안내받기를 바랍니다.

또한 왜, 어떤 사람들이 유순한 사람들을 그토록 잘 포착하고 호구 취급하는지를 그 심리 메커니즘을 고찰하는 책이기도 합니다. 제발 '그것'들이 이 책을 읽고 좀 반성했으면 좋겠습니다.

2023년 3월

조정아

차례

PART 1

그거 알아?
너 호구래!

온순함과 호구의
한 끗 차이

"어려서부터 아주 잘 웃는 아기였지. 난 그 점이 싫었어.
아기는 귀여우니까 같이 웃어주지만,
성인이 돼서 그렇게 웃으면 세상은 네 뺨을 때려."

– 드라마 [작은 아씨들] 대사 중에서 –

을질이 몸에 밴 사람들이 있습니다

착하고 남의 기분을 잘 배려하고, 누구의 부탁이든 잘 거절하지 못하는 성향을 지녔다면 우리 사회에서는 종종 '호구' 취급을 받습니다.

호구(虎口)는 무슨 뜻일까요? '호랑이 아가리'에 들어갈 법한, 이 약육강식의 세상 속에서 너무 착해서 자발적으로 혹은 타의를 이기지 못해 '을질'을 하는 착하고 온순한 이들을 가리키는 함의로 봐도 무리 없을 것입니다.

언뜻 보면 '호구'는 이 세상에 다시 없는 남다른 배려를 실천하는 선하고 좋은 사람처럼 보입니다. 그런데 왜 남들은 이런 이들을 이용하고 뒤통수를 치는 것일까요? 왜 이렇게 좋은 사람들을 먹잇감 삼는 이들을 질타해야 함에도 불구하고 그러지 않는 것일까요? 심지어 평범한 사람들조차도 가끔은 그 어이없는 사냥질에 동참하는 이유는 무엇일까요?

그것을 알기 위해서는 그들의 장점이었던 '선함', '배려심'이 '어수룩함'이나 '대책 없음'이라는 단점으로 변환되는 그 과정을 먼저 살펴볼 필요가 있습니다.

B과장은 온순하고 착한 사람입니다. 그는 동료의 일을 대신하느라 종종 늦게 퇴근하곤 합니다. 갑자기 아내가 다쳐서 아이를 급하게 어린이집에서 데려와야 한다는 같은 팀 동료를 어떻게

배려하지 않을 수 있을까요? 그는 자기 일까지 미루고 마감이 급하다는 동료의 일을 떠맡아 끝내고 밤 11시 넘어 퇴근했습니다.

B과장은 팀장이 갑자기 다른 팀이 추진하던 프로젝트를 욕심 내어 가져와 던져도, 절대 못 한다는 소리를 하지 않습니다. 아니 못합니다. 거절을 잘 못하는 천성인 데다가, 오죽하면 은퇴를 3년밖에 안 남긴 시점에 저러실까, 헤아리는 안타까움만 가득합니다. 오늘도 팀장이 퇴근하기 전까지는 집에 못 갈 것이 분명한 B과장입니다.

온순하고 착하지만 인복 없는 B과장. 그게 본인만 모르는 B과장의 별명입니다. B과장은 여럿이 모여 식사를 하고 돈 계산을 해야 할 때 서로가 눈치 보며 주저하는 분위기를 유독 못 견뎌 합니다. 그럴 때 알아서 먼저 내버립니다.

그런데 이렇게 B과장의 덕을 본 사람이 한 트럭인데도 부서 회식 때 B과장의 주변 사람들은 모두 곁에 앉은 다른 사람과 대화를 합니다. 술자리에서 주저하다가 용기 내어 시작한 그의 말들은 목청 크고 영리한 주변 사람들의 우스갯소리에 연기처럼 묻혀 사라집니다.

이런 B과장을 보면 여러분은 어떤 생각이 드시나요?
'와 정말 착하고 다정다감한 사람이네요.'
'이 시대 보기 드문 동료애이고 상사에 대한 충정을 가진 인품의 소유자군요.'

이런 감탄사의 말들이 흐를까요? 천만의 말씀, 만만의 콩떡일 것입니다. 너무 답답해서 내 혀라도 깨물고 싶은 마음이 들지도 모릅니다. 왜냐하면, 남들이 하는 '갑질'만큼 누군가가 당하는 '을질'도 주변 사람들은 기민하게 알아채는 법이거든요.

가끔은 그렇게 사람과의 관계에서 너무 온순하여 역학관계에서 뭔가 밑지고 사는 사람들이 유독 눈에 밟혀 돕고 싶은 마음도 들 때가 있습니다. 온순한 인상에 말수도 적고 기가 약해 보이는 그를 보다가 왠지 주변 사람들이 그를 이용한다는 느낌이 들면 오히려 내가 모욕받은 것처럼 기분이 나빠질 때에는 말입니다.

그렇다 하더라도 마음만 그럴 뿐 사람들 대부분은 막 도와주고 그러지 않습니다. 왜 그런 것일까요?

그를 돕고 싶은 마음이 사실 조금쯤 있긴 하지만 왠지 남들 앞에서 확 나서다가 그와 함께 도매금으로 '호구'가 될까 봐 두렵기 때문입니다. 그래서 자연스레 외면하게 됩니다.

거절하는 방법을 모르는 사람 ≒ 호구

B과장 같은 타입의 사람들은 대개 비슷합니다. 늘 남들에게 양보하며 언제나 밝고 부정적인 감정을 숨기며 거절을 잘 못하거나 실수하지 않은 일에도 먼저 사과를 하곤 합니다. 그들은 타인의 평가에 예민하고 자신의 부정적인 감정을 나쁘다고 생각합

니다.

뭐 이렇게까지 다 하고 성인군자처럼 포용하면서 스트레스라도 안 받으면 다행이겠지만 어떻게 인간인데 스트레스를 안 받을 수가 있을까요? 세상에 완벽한 이타주의자는 없으니까요. 사실 B과장 역시 무지 스트레스를 받고 있었습니다.

뒤에서 자신을 향해 '호구'라고 직접 말하지 않아도 이미 B과장도 남들의 눈에 자신이 어떻게 비치는지 잘 알고 있습니다.

그런데 B과장은 남의 부탁이나 싫은 소리를 세련되고 보기 좋게 '거절하는 방법'을 잘 모릅니다. 그래서 본인도 매우 답답해합니다.

그는 자신이 거절했을 때 '상대방이 힘들어하거나 싫어하지 않을까?'를 먼저 생각합니다.

또한, 남들과의 관계를 망치게 될까 봐, 자신의 거절이 곧 상대에게 상처를 줄까 봐 심하게 자책부터 미리 합니다. 이렇게 저렇게 걱정하니, 거절하고 죄책감을 느끼느니 그냥 차라리 내가 하고 말지… 이렇게 마음먹으면 오히려 B과장은 편안함을 느낍니다.

어쩌다 보니 '마냥 착한 사람'을 호구 잡는 사회가 되었지만 사실 인류학적으로 고찰해 보면, '착한 사람'은 집단에서 가장 필요로 하는 사람이었습니다.

다른 사람들과 손발이 잘 맞고 융화가 잘되는 순응적인 사람들을 선호했던 집단의 성격이 점점 개인주의를 용인하는 시대가 되면서 달라졌을 뿐입니다.

조직의 인화에 도움이 되는 인재만큼 조직에 쓸모있는 인재가 필요해진 조직은 어느 순간부터 좀 개인주의적이고 이기적인 사람들이라도 실력만 좋다면야 포용하고 우대하는 방향으로 변했습니다. 그런 선호 인재상의 변화와 괴리 속에서 탄생한 것이 바로 쓸데없이 착하기만 한 '호구'였을지도 모를 일입니다.

온순하고 착한 이들과 호구를 가르는 한 끗은 과연 무엇일까요?
'외유내강'과 '외유외약'의 차이는 아마도 마음속에 '본인 자신'을 중심에 두느냐, 두지 않느냐가 가르게 될 것입니다.
똑똑하게 착한 것과 한없이 착한 것!
이 둘은 엄연한 차이가 있는데 B과장의 착함은 나쁜 의미로 도를 넘어선 것이었습니다. 그는 자신의 자아와 일상을 붕괴하면서까지 착했던 것입니다.
B과장 스스로 자신의 '착함 한계'를 지정하지 않았는데 타인이 그 한계를 지켜줄 필요가 있었을까요? 오히려 얼씨구나! 하고 맡겨놓은 물건처럼 이용할 뿐이죠.
'호구의 화수분!'
물론 저는 B과장이 자책하지 않기를 바랍니다. '착하다'라는 형용사에 혐오와 배척의 동사를 박아넣는 사람들과 각박한 세태가 더 먼저 비판받아야 마땅하니까요. 하지만 자책은 하지 않더라도 B과장도 좀 변했으면 좋겠습니다.

"오늘부터 무엇이든 당신 위주로 '이기적으로' 생각하세요!"

그리고 착한 사람은 호구라고 생각하는 당신들이여! 당신을 마주 보고 선하게 웃는 얼굴에 뺨을 때릴 수 있는 권리는 그 누구도 주지 않았다는 사실을 깨달았으면 좋겠습니다. 당신들의 뺨에 언젠가는 각성한 호구가 침을 뱉을 날이 올 수도 있으니까요.

끊임없이 불쌍한 누군가를 돌보고 챙겨주는 사람들은 '메시아 신드롬' 혹은 '메시아 증후군'에 빠져 있을 수 있습니다. 그들은 종종 이성 교제에서도 자신보다 힘들고 약한 사람에게 더 끌려 끊임없이 베풀고 돕는 경향이 있습니다. 심각한 '오지라퍼'인 셈입니다.

물론 지나치지만 않다면 적당히 인간관계가 원만하고 정감 넘치고 따뜻한 사람이라 칭송받지만, 문제는 그 정도가 넘칠 때입니다. 도움을 줄 상대에게는 물질적으로 시간적으로도 육체적으로도 아낌없이 지원하고 돕는데 나에 대한 보살핌은 뒷전이고 상대에게만 관심과 보살핌을 두면 절대 좋지 않습니다. 그 관심과 보살핌이 필요 이상으로 과해질 때 상대방에게도 나쁜 영향을 줄 수 있습니다. 예를 들면 자생력이 사라져서 상대방이 의존적인 사람이 된다든지의 부작용 말입니다.

메시아 증후군에 빠진 사람들은 본인에게 매우 소홀합니다. 어쩌면 무의식적으로 자신의 위기의식이나 결핍을 남에게 투영하여 실은 자신을 돌봐야 하는 위기상황인데도 불구하고 회피한 채 남을 도움으로써 자신도 도움받았다는 착각을 하고 있는 것은 아닐까요?

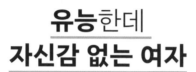

유능한데
자신감 없는 여자

"가난하게 컸어? 하도 잘 참아서…"

– 드라마 [작은 아씨들] 대사 중에서 –

당신은 사랑받기 위해 희생하는 사람!

C씨는 매사 늘 자신감이 없습니다. 그런데 사실 그녀의 외적 상황을 보면 매우 의아한 생각이 들 수밖에 없는 것이 그녀가 그 토록 자존감 낮을 이유가 하나도 없기 때문입니다.

그녀는 경력 15년이 넘는, 외국계 식품회사의 상품개발 팀장으로 있습니다. 남편 역시 금융권 회사에 고위 임원으로 재직하고 있습니다. 그녀는 연봉도 높고 미모도 나름 출중한 편입니다.

어린 시절 양육환경도 나쁘지 않았습니다. 원가족인 그녀의 아버지는 고등학교 수학교사였고, 어머니는 공기업 직원이었기에 성장 과정 내내 경제적인 결핍 문제도 없었습니다.

남들이 보면 부러움을 사기에 딱 좋은 C씨. 하지만 그녀는 자신이 늘 못났다고 느꼈습니다. 그녀의 이런 낮은 자존감은 일상 생활이나 사람과의 관계에서 모조리 드러납니다.

예를 들면 고등학교 친구들과 제주도 여행을 갔을 때 그녀의 행태를 한번 살펴볼까요?

여정을 푼 다음 씻으러 욕실에 갔다가 나오면서 친구들이 자신을 안주 삼아 얘기하는 것을 그녀가 몰래 듣게 됐습니다.

"○○ 어때? 쟤는 여전하다. 그렇지 않아?"

"○○이는 참 성실하고 착하지. 그래서… 너무 반듯해 좀 재미가 없다고 해야 할까?"

우연히 엿들은 험담 아닌 험담이 C씨는 별반 놀랍지도 않았습니다. 이런 말을 많이 들었으니까요. 그저 늘 그랬듯 손발이 부들부들 떨리고 가슴만 조금 벌렁거렸을 뿐이었습니다.

　자신이 이런 말을 들었다는 것을 조금이라도 내색할까 봐 C씨는 한동안 더 욕실에 머물다가 나오는 것처럼 굴었습니다. 본인과 시간을 보내야 하는 친구들이 어색해하는 것이 더 싫었기 때문이었습니다.

　그녀는 친구들에게 사람 좋게 미소를 지어주면서 주방으로 달려갔습니다. 자기 눈치를 보는 친구들에게 마주 보며 웃어도 줍니다. 주방에 있는 식기를 모조리 씻고 쌀을 씻어서 밥을 하는 것도, 주방 식탁에 밥 먹기 전 수저를 후다닥 세팅하는 것도 모두 C씨가 했습니다.

　그리고 밥을 먹고 나서도 다들 하기 귀찮아하는 설거지 역시 그녀가 도맡았습니다. 비단, 이 고등학교 동창들한테만 하는 행위가 아니었거든요.

　C씨는 집안 어르신과 함께하는 여행에서는 '어른들이니까… 내가 해야지!' 했고, 나이가 어린 집안 동생들과 가도 '내가 더 능숙하니까 내가 해야지!' 생각했습니다.

　그러면서도 여행 내내 C씨는 자신의 마음이 한없이 가라앉는 것을 막을 수는 없었습니다. 그리고 속으로 조마조마해 했습니다.

　'결국, 지질하고 못난 나를 들키고야 만 걸까? 쟤네들이 나를 다시는 안 본다 하면 어쩌지?'

화가 나기보단 친구들 그룹에서 이탈되는 것이 더 두려운 그 녀였습니다.

왜 그녀는 이렇게 타인에게 인정받으려고 지나치게 노력하거나 일에 매달려 자신을 혹사하는 것일까요? C씨는 왜 이렇게 병적일 만큼 온순하고 착한 사람이 되었을까요?

그녀가 병적일 만큼 '착하고 유순한 아이'로 자란 데에는 그녀의 부모와 그녀를 가르쳤던 교사들의 탓이 컸습니다.

장녀로 태어난 C씨는 흔한 K-장녀들이 그렇듯 늘 부모로부터 어릴 때부터 "네가 맏이니까 동생들한테 양보해!"라는 말을 귀가 닳도록 듣고 자랐습니다.

그런데 성인이 되고 밑의 남동생들이 둘 다 서른 살이 넘은 지금도 부모의 그 당부는 철회되지 않은 채 현재진행형이었습니다. 그녀의 남동생들 역시 가족 간 일 모두를 장녀인 C씨에게 떠맡기는 경우가 많았습니다.

어릴 때부터 C씨의 부모는 사이가 좋지 않았습니다. 부부의 불화는 자녀들에 대한 무신경으로 이어졌습니다. 어린 그녀와 동생들은 한창 자라는 시기에 부모의 애정을 늘 목말라했습니다.

신경질적인 성격의 소유자였던 C씨의 어머니는 엄격하고 계산적인 C씨 아버지의 흉을 어린 그녀에게 수시로 봤습니다.

"이건 너만 알아, 네가 큰딸이니까 엄마가 편해서 얘기하는 거야! 착한 ○○는 엄마 편을 들어줄 걸 다 아니까."

C씨에게 착하다는 말은 어머니의 애정을 얻는 열쇠로 작용했습니다.

C씨의 어머니는 C씨에게 자신의 불행과 힘겨움을 털어놓는 동조자 역할을 떠안겼습니다. 그런데 어머니의 감정받이 역할을 충실히 하는 C씨는 아버지에게 늘 죄책감과 미움이라는 양가감정을 갖고 괴로워했습니다.

어머니는 C씨가 장녀로서 역할을 다하면 칭찬을 했고, 또래처럼 질투나 응석을 부릴 때면 매우 차갑게 밀어냈습니다. 거부당할 때마다 마음속으로 위축된 C씨의 모습은 또래와 비교하면 매우 얌전하고, 성숙해 보였습니다.

그런 C씨를 본 학창시절 교사들은 하나같이 C씨를 어른스럽다며 칭찬했습니다. 이런 칭찬은 C씨에게 독이 됐습니다. 착하고 의젓하게 굴어야만 했던 C씨의 어쩔 수 없는 선택과 행동 양식들을 더욱 고착화하는 촉매제가 된 것입니다.

이런 그녀의 성격은 결혼해서도 변하지 않았습니다. C씨의 남편은 그녀처럼 조용하고 온화했지만, 가부장적인 집안의 아들들이 그렇듯 능동적으로 아내를 도와준다든지 하는 의식이 희박한 남자였습니다.

명절에 시댁 모임에 가면 항상 설거지하려고 싱크대 앞에 대기하고 있는 며느리는 셋 중 C씨밖에 없었습니다. 밥을 다 먹으면 후딱 그것을 치우고, 과일을 가지고 들어가서 깎습니다. 심지어 그녀는 임신한 상태에서도 몸을 쉰 적이 없었고, 자꾸 그런 패턴이 쌓이다 보니 남편과 시댁 사람들은 그녀의 행동을 당연하게 여겼습니다.

외국계 회사여서 국내 기업들보다 임신과 출산에 허용적인 문화가 강했지만, 그녀는 회사에 민폐를 끼친다는 생각에 티를 내지 않고 임신 기간을 견뎌냈습니다. 그래서 다른 부서의 사람들은 배가 많이 부른 임신 후반부에 가서야 겨우 임신했다는 것을 알 정도였습니다. 그러던 중 아이가 태어났습니다.

내심 아이를 친정 부모에게 맡기기를 바라며 몇 번 언질을 줬던 시어머니와 아직도 핏덩이처럼 어리게만 보이는 어린 아들 사이에서 갈등하면서도, C씨는 친정어머니에게 육아를 맡기기가 내심 꺼려졌습니다.

어머니가 아이 양육을 핑계로 C씨에게 계속 의존하는 것도 두려웠고, 그 옛날 어린 C씨에게 아버지의 흉을 봐서 심리적으로 거리를 멀어지게 했던 것처럼 자라나는 아들에게 부정적인 말을 속삭여 자신과 아들의 사이를 멀어지게 할까 봐 두려웠습니다. 결국, C씨는 1년 휴직을 한 채 아이를 키웠고, 그 이후에는 눈물을 머금고 베이비시터에게 아들을 맡겼습니다.

한 번만 저항해 보세요! 착한 ○○ 콤플렉스에서 탈출하려면…

동창들과 여행하는 것도 가족들과 여행하는 것도 C씨에게는 결코 즐겁고 달가운 일이 아니었습니다. 잡일을 하는 것은 모두 C씨였으니까요.

결혼 10주년 여행을 남편이 시댁 식구들과 함께 가자고 말했을 때도 그녀는 몹시 마음이 상하고 심란했지만 승낙하고 말았습니다.

하지만 C씨 회사가 야심차게 준비하고 있던 신제품과 유사한 제품이 경쟁사에서 예정된 시기보다 일찍 나오자 출시를 서두르기 위해 야근을 쉼 없이 하며 빠듯한 시간을 보내게 되는 일이 일어났습니다.

C씨는 여행을 도저히 갈 수가 없을 것 같아 남편에게 말했습니다. 한 번도 그러지 않았던 아내가 일 때문에 못 간다고 말했다면 웬만해서는 남편도 한 번쯤 이해해 줄 법도 했는데 그러지 않았습니다. 남편은 시어머니가 실망할 거라며 불같이 화를 냈습니다. 결혼기념일 여행이라는 자각도 없는 남편에게 화가 났지만 C씨는 좀 더 노력해보겠다며 대충 대화를 마무리했습니다.

마지못해 겨우 신상품 출시를 맞춘 후, 시댁과 여행을 가는 날이 하루 앞으로 다가왔습니다.

아침부터 C씨는 극심한 고통을 느껴야 했습니다. 병원에서 피로 때문에 면역력이 떨어져 대상포진에 걸렸다는 진단을 내렸습니다. 그 와중에도 칭얼대는 어린 아들의 밥과 목욕은 C씨가 챙겼습니다.

여행을 가는 당일, 그녀는 정말 힘들어서 난생처음 남편에게 짜증 섞인 거부 의사를 밝혔습니다. 하지만 그녀가 겪는 통증과 수포가 올라온 피부를 보면서도 남편은 여행을 종용했고 어쩔 수 없이 그녀는 차를 타고 공항으로 갈 수밖에 없었습니다.

가는 내내 신음을 내뱉다가 급기야 울음을 터뜨린 C씨는 신호에 걸려 있을 때 갑작스럽게 차 문을 벌컥 열고 내렸습니다. 놀란 남편의 눈을 똑바로 보면서 C씨가 소리쳤습니다.

"당신은 이번 여행을 가요. 나는 집에 갈 거니까요. 그런데 한 가지만 알아둬요. 이번 여행이 끝나면 우리 이혼할 거예요."

남편은 처음 보는 C씨의 절규와 심각한 상태를 보고 그제야 당황하면서 사과했습니다. 집으로 다시 돌아온 C씨는 침대에 누워 상황을 수습하는 남편을 멍하니 바라보면서 난생처음으로 해방감을 느꼈고, 깊은 숙면에 빠질 수 있었습니다.

몸이 아프다는 어쩔 수 없는 상황이었지만 누군가를 위해서가 아니라 자신을 위해 저항하고 울었던 일이 난생처음이었던 C씨.

각성! 그 한 번의 저항 이후 C씨의 삶은 급격히 바뀌었습니다. 그녀가 생각해도 한 번이 무섭지 두 번, 세 번은 우스웠습니다.

그녀는 부당하거나 비합리적인 것들을 거절하는 힘이 자신의 내부에 생겼다는 것을 깨달았습니다. 물론 여전히 두려워하기도 했고, 자기 입장이나 감정을 스스럼없이 밝히는 것에 여전히 떨려 하기도 했지만 말입니다.

하지만 C씨는 한번 맛본 저항의 힘을 도저히 포기할 수가 없었습니다. C씨는 과거 사람과의 관계 안에서 사랑받으려고 먼저 배려와 희생을 자진납세해 온 스스로가 너무도 불쌍하면서도 화가 난다고 말했습니다.

그녀는 왜 그토록 바보 같았을까요? 그녀는 부모로 인해 늘 자신을 부족하고 결핍된 존재로 인식했고, 타인이나 세상이 그 결핍을 채워줄 수 있다고 믿었습니다. 그래서 인정받으려고, 사랑받으려고 지나치게 노력했습니다.

하지만 이제 C씨는 점점 모든 관계 속에서 가장 우위에 자신의 마음을 놓아두는 습관을 들이려고 노력하고 있습니다. 자신의 희생과 배려를 당연시하는 사람들을 멀리하려고도 했습니다.

그러자 점점 손해를 본다는 억울함과 스스로에 대한 자괴감이 현저히 줄어들었고 자존감도 점점 찾을 수 있었습니다. 이제 그녀는 '착한 ○○'이라는 타이틀에 자신을 묶어두지 않기 위해 무슨 일을 할 때면 항상 제일 먼저 자신의 마음에 이렇게 묻곤 합니다.

"정말 네가 이걸 원해?"

"이렇게 하면 네 마음이 슬프거나 힘들지 않겠니?"

다른 사람에게 아쉬운 소리도 잘 못 하고,
손해 보더라도 그냥 내가 하고 말지… 한다면
· · · · · ·
그렇다면 당신은 착한 사람 증후군에 빠져 있군요!

착한 사람 증후군은 타인으로부터 착한 아이라는 반응을 듣기 위해 내면의 욕구나 소망을 억압하는 말과 행동을 반복하는 심리적 콤플렉스를 뜻합니다.

자신이 버려질지도 모른다는 유기공포를 자극하는 환경 속에서 성장한 어린아이가 그대로 성장하여 어른이 된 경우 '착한 여자', '착한 남자', '착한 자녀', '착한 부모'가 돼야 한다는 강박감이 큽니다.

타인에게 착한 사람으로 남기 위해 자신의 감정을 솔직히 표현하지 못하고 타인을 위해 지나치게 노력하다 보니 속으로 끙끙 앓게 되고 화병도 생깁니다.

남의 눈치를 심하게 보니까 타인의 요구에 순응하게 되고 타인의 영향을 너무 심하게 받아 그들의 판단이나 관점에 절대적으로 의존하는 경향도 보입니다. 갈등이 생기더라도 대화나 투쟁으로 해결하기보다는 타인에게 쉽게 굴복해 버립니다.

하지만 인간은 자신의 욕망을 엄연히 갖고 있습니다. 그런 자신의 욕구를 강압적으로 억누른다면 우울증, 불면증, 무기력증, 신경증 등 정신질환을 앓을 확률이 매우 높아집니다.

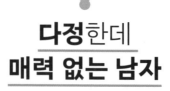

다정한데
매력 없는 남자

"상대가 원하는 걸 해주는 것이 사랑이라고…
하지만 그건 작은 사랑일지도 모른다.
상대가 싫어하는 걸 하지 않는 것이야말로 큰 사랑이 아닐까?"

– 책 『언어의 온도』 중에서 –

'나의 배려가 너를 숨 막히게 한다고?'

D대리는 남들이 가다가 뒤돌아볼 정도로 훈남입니다. 5년 차 대기업 대리로 탄탄한 직장도 갖고 있습니다. 여성들한테 인기가 제법 많을 것 같은 그. 하지만 의외로 그는 인기가 없습니다.

자신이 마흔 살이 넘어도 건어물남처럼 집에서 오징어를 씹으면서 홀로 영화를 보며 데이트도 못 하고 늙을 초식남이 될 것만 같은 예감에 D대리는 요새 부쩍 울적합니다.

D대리와 사귀었던 여성들은 처음에는 외모와 다정다감함에 이끌려 그와 썸을 타다가 짧게나마 연애를 시작하기도 했습니다. 하지만 결국은 모두가 그에게 결별하자고 먼저 말하고 뒤돌아섰습니다.

그가 들은 이별 사유는 무엇이었을까요? 얼핏 들으면 이게 과연 이별 사유가 될 만한 것인가 의문시되는 것들이었습니다.

"오빠는 너무 우유부단한 것 같아요. 결정장애도 있는 것 같고…."

"당신은 자기 주관이 없는 거 같아요. 제가 '이건 어때요?'라고 물으면 매번 '네가 제일 좋아하는 거로 해.', '너는 뭐든 다 어울려!' 하는데 그게 좀…. 나에게 그다지 큰 관심이 없는 것처럼 느껴져서 기분이 좀 별로예요."

"○○씨는 내 기분, 내 상황 다 맞춰주려고 하는데… 가끔은 그게 너무 숨 막히는 거 있죠? 가끔은 ○○씨가 단호하게 '이거 말고 내 의견 따라!' 이런 식으로 강하게 끌고 가 주기를 바랄 때도 있거든요."

요약하자면 "다정한데 너무 배려해서 매력 없다."라는 말을 그렇게 정성 들여 말하는 그녀들이었습니다. 곰곰 생각해 봐도 D대리는 자신이 하는 행동의 어느 부분이 그녀들을 질리게 한 것인지를 알지를 못해서 난감합니다.

여성 직원들은 늘 자신의 말을 잘 경청하고 그 말 중에서 세세한 정보까지 기억했다가 다음번 대화에서 피드백하듯 경과를 물어봐 주는 그를 처음에는 분명 더 좋아했습니다. 그래서 고백만 받은 것도 여러 번 됐고, 실제로 개인적인 만남도 가졌던 것이었습니다. 하지만 그녀들 중 총 다섯 번의 데이트를 넘기고 그가 계속 만났던 여성은 단 한 명도 없었습니다.

여성들과의 만남에서 늘 데이트 비용은 그가 모두 냈습니다. 비싼 맛집이나 명품 가게에서 그녀들을 위해 지출도 많이 했습니다.

하지만 여성들은 결국에는 '자기 의견' 없이 본인들을 많이 배려하는 그를 따분해하기 시작했습니다. 심지어 명품선물을 받은 이후 바로 연락을 차단한 여성도 있었습니다.

D대리가 배려심 가득한(?) 성격으로 자란 것은 가정환경 탓이 컸습니다.

D대리의 어머니는 일하는 부모를 대신해 많은 동생을 돌보던

가난한 집안의 장녀였습니다. 없는 집 맏딸로 일찌감치 취업했던 어머니는 경리로 일하던 회사 사장 아들이었던 아버지의 열렬한 구애를 받아 결국 결혼했습니다.

D대리의 친가 역시 대가족으로, 어머니는 이 집안에서도 맏며느리였습니다. 어른들이 층층시하 있던 대가족 집안에서 자란 D대리는 언행이나 인생의 중요한 결정들 모두 어른들의 통제를 받았습니다. 거기에는 부유한 시어른들의 눈 밖에 나는 것을 꺼렸던 D대리의 어머니가 자신의 자녀들을 순종적인 아이들로 키우고자 했던 이유가 컸습니다.

어릴 때는 다소 장난기도 많았고 개구쟁이였던 D대리였지만 자라면서 조부모와 부모가 내리는 결정에 무조건 따라야 하는 가정환경 속에서 진중한 성격을 갖게 됐습니다. 그의 집안에서는 어른들의 의견을 잘 듣고 따르는 것이 미덕이었으니까요.

온순하면서 상명하복의 미덕을 갖췄던 그는 학창시절에도 군대에서도 선생님이나 선임들에게 늘 좋은 평가를 받았습니다. 이후 '어른 말 들어서 나쁠 것 없다.'라는 생각은 그의 내면에 깊이 뿌리를 내렸고, 사회에 나오고 입사 이후의 삶에서도 꽃을 피워댔습니다.

'사회생활을 참 잘하는 젊은이!'

D대리는 웬만해서는 선배나 상사들의 말도 거스르는 법이 없었습니다. 지시하면 바로 산출물을 보여주거나 다소 무리한 일까지도 기필코 완수하는 D대리에게 점점 더 많은 부서 일들이

몰랐습니다. 요즘 세대 같지 않다는 말이 그에게는 일종의 칭찬이었지만 묵직한 족쇄도 됐습니다.

어느 순간 다른 동기들보다 자기에게 많은 업무량이 할당되는 것을 깨닫고 바로 잡으려 했지만, 그때는 이미 늦어 있었습니다. 업무 부하가 커진 상태인데도, "그건 D대리한테 맡겨!"라는 말이 부서에서 통용어가 됐습니다.

부당한 지시에도 거절 의사를 쉽사리 밝히지 못하면서 D대리는 계속 바쁘게 살았습니다. 진짜로 여성을 만날 엄두는 못 낼 정도로 말입니다.

배려 역시 상호호혜적인 산물이어야 합니다

살면서 자율적으로 선택해야 하는 상황을 많이 겪지 못했던 D대리.

답답했던 그는 자신의 연애담이나 일상생활에서 일어나는 어려움을 포털사이트에 묻거나 본인이 가입한 인터넷 카페에 종종 물어보기도 합니다.

익명의 사람들이 건네는 조언 중 가장 많이 차지한 "타인을 너무 배려하지 말라!"라는 말은 사실 그에게 썩 와닿지 않습니다. 살면서 그에게 상대방에 대한 배려와 존중은 공기와 같은 것이었고, 소위 '선한' 것이었으니까요.

그는 서른다섯 살이라는 젊은 나이에 자기 인생에서 누군가를 만나 연애하는 것을 유예하기로 했습니다. 아니 어쩌면 좀은 지쳤고, 그래서 포기하고 싶었는지도 모릅니다.

쉬는 날, 회사 또래의 동기들이 야외로 애인이랑 드라이브하러 가고 누군가와 술을 마시고 영화를 봤다고 하는 시간에 그는 집에서 넷플릭스를 보기 위해서 리모컨을 들었습니다. 누군가와 관계를 맺고 그들과 함께 뭔가를 논의하고 결정하는 데 신경 쓰느니 영화 보는 것이 더 낫다고 생각했으니까요.

하지만 곧 난관에 부딪혔습니다. 금세 취미에 맞는 정주행 영화를 기대했던 D대리는 한 시간째 리모컨을 만지작거렸습니다. 뭐가 되든 안 되든 조금이라도 끌리거나 이름난 영화를 선택하고 조금 본 다음에 더 볼지 말지, 결정하면 될 일을 볼 영화 자체를 고르는 데에만 그렇게 많은 시간을 할애하고 있었던 것입니다.

한 편을 고르기 위해 여러 개를 검색하고 검색한 영화 중에서 서너 개를 결정한 후 최종 한 편을 결정하기 위해 예고편을 시청하는 자기 자신이 D대리는 순간 너무 싫어졌습니다.

'아, 내가 이래서 여자들이 떠난 것일까?'

리모컨을 확 집어 던졌습니다. 우울한 기분에 빠져 있다가 결국 D대리는 결정을 내렸습니다. 그리고 여태 자신이 살아왔던 인생대로 결혼 상대자 역시 결혼정보 회사에서 매칭을 해주거나 아니면 집안 어른들이 소개해 주는 사람과 만나기로 말입니다.

이때껏 권위자나 어른들의 말을 들어서 그리 큰 손해나 실패를 맛보지 않았던 경험도 그런 결정에 쐐기를 박았습니다. 다양한 선택지에서 뭔가를 고르는 것이 D대리에게는 곤욕이었으니까요.

그러다가 D대리가 휴일에도 집에서 빈둥거리는 것이 영 안타까웠던 여동생이 자기 친구를 소개해 줬습니다. 이미 D대리에 대해 여동생이 많이 말해 둔 덕분에 다른 여성들보다는 덜 어색한 채 만날 수 있었습니다.

그래서였을까요? 소개팅하는 여동생의 친구에게 자신이 가진 성격적인 결함이나 단점을 덤덤히 털어놓았던 것입니다.

다행히 그녀는 매우 현명하고 배려 깊은 여성이었습니다. D대리가 연애나 결혼, 이직, 가정 내 의사결정 같은 선택들이 너무 힘들다고 말하자 그녀가 물끄러미 쳐다보다가 이렇게 물었습니다.

"오빠, 지금 당장 저와 함께 있는 이 시간에도 오빠를 괴롭히는 결정들이 뭐가 있을까요?"

"음… 창피한데… 우습겠지만 나는 지금 이 카페를 벗어나서 너와 뭘 해야 할지 결정하는 게 너무 걱정이야. 너도 내가 좀 우습지?"

그녀가 고개를 저으면서 건넨 위로가 D대리의 가슴을 저릿하게 만들었습니다.

"오빠. 저도 장녀여서 오빠 기분 잘 알아요. 그게 오빠나 저처럼 부모 말씀 잘 듣고 큰 사람들이 가진 한계 같아요. 뭔가 결정할 때 망설이면서 갖게 되는 무력감이나 막막함을 저도 많이 겪어봤는데요, 그럴 때 제가 쓰는 방법이 있어요. 한번 들어보실래요?"

D대리의 가슴이 뛰기 시작했습니다. 이렇게 말해 준 여자는 이때껏 그의 인생 속 한 명도 없었기 때문입니다.

"어떤 방법인데?"

"자! 오빠 우선은 여기서 저랑 나가서 용리단길을 걷든지 쇼핑하는 걸 좋아하면 야외로 드라이브 나가요. 파주 정도가 좋겠네요."

갑자기 D대리의 머릿속이 분주해졌습니다.

"음… 용리단길에 맛있는 음식점들이 많더라. 아 며칠 전에 내가 갔던 곳도 좋았어. 좀 걷다가 거기서 맛난 거나 먹을까?"

"맥주도요."

"음, 고마워! 정말. 내가 결정할 수 있는 부분을 제시해줘서…."

"아니에요. 오빠 덕분에 저도 맛있는 맛집 하나 알게 돼서 좋은데요. 오빠! 혹시 뭔가 너무 결정하기 힘들면 고민만 하거나 상대방한테 전권을 다 줘서 책임감을 넘기는 것보다는 이렇게 결정에 관한 책임감을 함께 나눠봐요. 그러면 할 수 있는 부분이 되게 많아져요."

"그런데 내가 만약 어떤 결정을 했는데 그 결과로 쓰지 않아도 되는 시간이나 비용을 남이 쓰게 되면 어떻게 하지? 난 그런 것들도 좀 겁이 나더라고."

"알게 뭐예요?"

엥? 황당해하면서 쳐다보는 D대리를 보며 그녀가 픽 웃었습니다.

"그러면 좀 어때서요? 오빠의 결정에 따르는 기회비용을 오빠가 다 책임질 필요가 있나요? 그리고 인간이 내리는 모든 결정이 어떻게 다 완벽할 수 있겠어요? 오빠! 그냥 가끔은 마음 가는 대로 막 질러요. 생각보다 괜찮을 때가 더 많으니까요."

그때 D대리 역시 난생처음으로 자발적으로 아주 강하게 마음속 결정을 내렸습니다. 여동생 친구인 그녀와 반드시 결혼하겠다고요.

주변에서 보면 가끔 타인의 배려를 너무 권리로 여기는 사람들이 많습니다. 하지만 그렇게 되도록 내버려 둔 배려의 주체, 즉 '나'에게도 문제는 있었습니다.

상대방이 그 배려를 받을 만한 자격이 있는지 심사할 권한은 자신에게 있습니다. 쉽사리 남에게 그 권리와 자격을 양도하지 말아야 합니다.

또한, 배려 역시 상호호혜적인 산물이어야 함을 잊지 말아야 합니다. 상대방의 배려가 내게 돌아오지 않는다면 단호하게 관계를 다시 한번 숙고할 필요가 있습니다.

사소한 결정도 어렵다고요?
그렇다면 당신은 햄릿 증후군에 빠져 있군요!

단순했던 과거와 달리 요즘은 복잡한 시스템은 물론 정보가 넘쳐 선택과 결정을 내려야 할 순간들이 많아졌습니다. 정해진 뇌의 정보처리 용량보다 결정할 일이 많아지며 머리에 과부하에 걸리는 경우도 다반사입니다. 스스로 뭔가를 고르는 것이 어려워 내가 아닌 상대방에게 결정권을 떠넘긴 적이 있다면 햄릿 증후군을 앓는 것일 수 있습니다.

햄릿 증후군은 선택이나 결정을 할 때 어려움을 느끼는 증세를 일컫습니다. 이렇듯 일상 속 사소한 순간에서 결정을 쉽게 하지 못하는 사람들이 늘어나는데, 심한 경우 이는 우울증의 전조 증상으로 이어질 수도 있습니다. 선택과 결정을 어려워하는 사람들을 위해 최적의 상품을 추천해 주는 다양한 서비스 역시 햄릿 증후군을 악화시킬 수 있습니다. 취향, 성격, 나이 등을 바탕으로 제품을 추천하는 서비스들이 오히려 선택 후보지를 더 늘리게 되어 더 뇌를 피로하게 만들기 때문입니다.

호구의 탄생

45

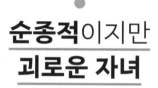

순종적이지만
괴로운 자녀

"제가 지금까지 살면서 얻은 교훈 중의 하나가
누군가가 널 위한다며 힘든 걸 강요한다면,
그건 '사기'라는 거에요."

– 드라마 [사랑의 온도] 대사 중에서 –

독박효도를 하는 자식들의 특징

E부장은 근래 들어서 너무 자주 피로감을 호소합니다. 가정이고 회사생활이고 그에게 만족감이나 기쁨을 주지 못하고 있습니다. 현재 E부장이 스트레스를 받는 상황들은 여러 개입니다.

E부장의 어머니는 오랜 시간 치매를 앓았습니다. 어머니는 다른 자식인 E부장의 형과 동생은 다 못 알아보는 지경인데 그나마 모시고 사는 E부장만 겨우 알아봅니다.

경제적인 이유도 있고, 아픈 어머니가 그나마 알아보는 자식이 자신이라서 집에서 어머니 병시중을 하는 E부장. 하지만 치매 어머니의 수발은 직장인인 E부장보다는 그의 아내가 더 많이 전담하고 있어 사실 아내의 고충이 더 컸습니다.

원래는 유순하고 착한 아내였지만 긴 병에 효자 없는 데다가 아내 역시 갱년기에 사춘기 겪는 아들과의 갈등으로 몸과 마음이 지친 상태인지라, 최근에 자꾸만 요양원에 모시자는 이야기를 꺼내곤 했습니다.

아내와 불화가 점점 더 악화할수록 현실의 부담 또한 그를 짓눌렀습니다.

당장 요양원에 모시기 위해서는 돈이 필요했는데 괜한 자존심에 그 비용을 형제들에게 얘기하는 것이 꺼려졌고, 그런 그를 보면서 아내는 왜 삼 형제씩이나 되는데 평범한 외벌이 샐러리맨인 데다가 둘째 아들인 E부장이 독박효도를 도맡아야 하냐며 볼

멘소리를 터트렸습니다.

심한 언쟁 끝에 아내가 울면서 친정으로 갑자기 가버린 날, 그는 겨우 이틀 연차를 내어 어머니를 돌보았습니다.

그런데 하루도 안 돼 그는 두 손 두 발 다 들고 말았습니다. 속옷에 대변 실수를 한 어머니를 씻기고 옷을 입히는 데만 한 시간이 넘게 걸린 이후, 그는 아내에게 전화해서 제발 돌아오라고 사정했습니다. 어머니를 요양원에 모시겠다면서요.

그 와중에 회사에서 받는 스트레스도 만만찮았습니다.

중간관리자인 E부장은 상사와 부하직원 모두에게 친절하고자 노력했고, 맡은 일은 최선을 다했지만, 어느 순간 자신이 도와줬던 사람들이 최근 E부장이 참여했던 프로젝트 실패의 책임자로 그를 지목한 것이었습니다.

결정적으로 필요할 때 가깝다고 여겼던 이들이 바쁘다며 혹은 얽히기 싫다며 외면했다는 사실은 그에게 너무도 큰 충격으로 돌아왔습니다.

좌천 비슷한 형태로 타 부서로 발령이 난 E부장. 그런데 예전 부서에서 자신이 추진하다가 미완인 채로 두고 온 프로젝트는 대박이 나서, 자신의 후임으로 온 동기가 그 결실을 온전히 자신의 노력 덕분인 양 포장하며 주변 사람들로부터 칭송을 받는 것을 보고 커다란 화병이 생겨버리고 말았습니다.

문제는 그 동기가 회사에서 포상금과 함께 사장 표창을 받은 후,

연 회식에 참석하면서 생겨났습니다. 겉으로는 축하해 줬지만 속으로는 억울함과 시기심, 자신에게 보여주지 않는 환호를 동기에게 쏟아내는 이전 부서 사람들에 대한 증오심으로 마음이 괴로웠던 E부장.

하지만 그를 가장 괴롭힌 것은 그런 감정보다는 온전히 동기에게 축하 인사를 건네주지 못하는 자기 자신을 옹졸한 쓰레기로 여기는 그의 마음이었습니다.

처음에는 가슴이 두근거리는 증상부터 시작됐습니다. 그러다가 구내식당에서 밥을 먹는데 식은땀이 나고 음식을 삼키지 못할 정도로 호흡곤란이 와서 병원에 가게 되었습니다. '공황장애'였습니다.

늘 사람들과의 관계를 가장 우선시했던 E부장이었지만 마음의 병으로 약까지 먹고 있다는 사내 소문이 자신이 가장 믿어 의심치 않았고 존경했기에 털어놓았던 상사로부터 확 퍼져나간 것을 안 순간 그는 퇴사를 결정할 수밖에 없었습니다.

회사에서 나와 병원에서 약도 먹고 상담도 받으면서 제일 먼저 한 일은 형제들과 상의해서 어머니를 요양원에 모시는 일이었습니다.

처음에는 형제들의 반발이 거셌습니다. 이제는 E부장까지 집에 있게 됐는데 어머니를 낯선 곳에 모실 수는 없다는 이유였습니다.

"어머니 그런 곳에 보내드리고 나면 네 마음이 제일 힘들지 않겠니?"

일견 위로하고 걱정하는 말 같았지만 가만히 따져보면 그에게 책임을 전가하는 못된 말이었습니다. 참 허탈하고 황당하여 한참을 숨 고르다가 꺼낸 E부장의 말에 형과 남동생은 입을 꾹 다물 수밖에 없었습니다.

"그래? 그런데 어쩌지? 나도 아내도 몸이 아주 많이 아파. 그래서 회사도 그만둔 거 알잖아? 정 어머니를 요양원에 모시기 싫다면 형과 나, 그리고 너 이렇게 삼 형제네에서 돌아가면서 모시자고. 그런데 형수님과 제수씨가 잘도 모시겠다고 하겠다? 편한 대로 하자고!"

오랫동안 나 몰라라 했던 자신들의 배우자가 지금 와서 허락할 리 만무했습니다.

어머니의 요양원행은 즉각 이뤄졌습니다. 대신 시간 여유가 많은 E부장네가 수시로 찾아가고 병원 진료도 도맡아 하는 것으로 했고, 나머지 형제들이 경제적인 부담을 지는 것으로 분담이 됐습니다. 그날 E부장과 아내는 여러 이유로 부둥켜안고 엄청나게 울었습니다.

이처럼 쉽게 이뤄질 일이었는데도 왜 E부장이 극단의 상황에 몰리고 나서야 그는 형제들에게 손을 내밀었을까요? 왜 E부장의 형제들은 그동안 그토록 나 몰라라 했던 것일까요?

자존감이 낮은 사람들을 타깃으로 삼는 사람들

복잡한 현대를 살아가면서 스트레스를 피한다는 것은 거의 불가능한 일일 겁니다. 끊임없이 스트레스에 노출되고 오랫동안 노출되다 보니 그것이 스트레스인지도 잘 모를 경우도 매우 많습니다.

우리의 의식은 스트레스를 자각하지 못하지만, 몸속에서는 스트레스 호르몬이 계속 과다 분비되면 신진대사를 교란하고, 결국 여러 질병을 유발하게 됩니다. 그 질병은 마음과 몸을 가리지 않고 옵니다. 그것이 마음으로 오면 바로 사회공포장애나 공황장애가 됩니다.

병원에서 탄 약을 먹으며 집에서 우울하게 누워 있을 때 E부장은 왜 자신에게 이런 문제들이 일어났는지 가만히 성찰해 보았습니다. 그는 다만 좋은 아들, 좋은 남편, 좋은 직장인이 되고 싶었습니다. 하지만 여러 역할들과 그 속에서 가지는 각각의 바람이 가끔 상충할 때가 있었는데도 그는 그동안 못 본 체했습니다.

예를 들면 좋은 아들이 되고 싶어서 어머니를 모시고 싶지만, 갱년기로 힘들어하는 아내에게 좋은 남편이 될 수 없다는 그런 사실들 말입니다.

그 모든 것들이 그의 바람을 배신하는 상황에서 그는 스트레스를 받았고 결국 그의 마음과 몸은 아플 수밖에 없었습니다. 그는 자신이 가진 이런 성향이 어떻게, 왜 형성된 것인지를 곰곰이

따져보았습니다.

　E부장은 둘째로 태어났습니다. 형은 태어나면서부터 줄곧 부
모님의 사랑과 관심을 아낌없이 받았습니다. 한동안 외동으로
자라며 관심과 사랑의 중심이 되었기에 부모와 주변 사람들에게
미치는 영향력이 컸고, 버릇없고 권위주의적이었습니다.

　그리고 E부장의 남동생 역시 가장 마지막에 태어났기에 그리
고 집안의 형편이 다소 좋았을 때 자라서 응석도 마음껏 부리고
자율적으로 자랄 수 있었습니다.

　하지만 E부장은 그들과 다르게 한갓지게 자랄 수 없었습니다.
공부를 매우 잘해 부모의 전폭적인 지원을 모조리 받았던 형, 애
교가 많아서 온갖 사고를 쳐도 야단도 안 맞는 남동생을 이길 방
도가 어린 E부장에게는 도저히 없었습니다.

　결국, 우등생인 E부장의 형은 고시에 합격한 후 고위공무원으
로 살고 있고 교사인 형수와 함께 재테크에도 성공해 경제적으
로 윤택한 삶을 살고 있습니다. 그리고 남동생은 자유로운 영혼
의 소유자로, 부모가 반대하는 여자와 결혼해 애 둘까지 낳은 후
이혼했다가 또 재혼한 채 지방 소도시에서 떨어져 살고 있습니다.

　너무도 자연스럽게 삼 형제 중에서 그나마 가장 가까이에서
평범하게 살고 있던 E부장이 부모님을 부양했고, 아버지의 병시
중과 죽음, 어머니의 병시중까지 책임져야 했습니다.

상대적으로 관심과 지원을 덜 받았던 E부장은 어릴 때부터 심하게 눈치를 보고 형제들로부터 소외감을 느끼는 경우가 많았습니다.

그런 이유 때문이었는지 형제들보다 자존감도 현저히 낮았습니다. 그리고 속으로 자신들의 형제를 늘 질투했습니다. 그러면서도 그런 감정을 갖는 자신을 돼먹지 못한 사람으로 여겼습니다.

가슴 아프게도 그 왜곡된 사고에 말뚝은 박은 사람은 다름 아닌 그의 어머니였습니다. 그가 열 살 될 때였나 어느 날 밤, 잠결에 어머니와 이모가 하는 대화를 우연히 엿들은 적이 있었습니다.

"나는 쟤가 내 자식 같지 않아. 다른 애들은 얼굴이 밝은데 쟤는 좀 애가 음침하다고 해야 할까? 의붓자식처럼 자꾸 내 눈치를 보니까 점점 내 새끼 같지가 않아."

그 일이 있고 난 후, 가족 안에 갈등이 생기면 분위기를 풀어주고 서로 화해를 시키는 중재자의 역할을 어린 E부장은 자처했습니다. 어머니 앞에서 속없이 방긋방긋 웃어야 했습니다.

그래야 겨우 바라봐주던 어머니.

어머니가 둘째인 그에게 형이나 동생에게 양보할 것을 자연스레 요구하는 일이 잦아졌고, 대부분 그는 수용했습니다. 하지만 내면은 늘 고독하고 우울했습니다.

E부장은 자신이 주목받지 못하는 가정보다는 가정 밖의 또래 집단이나 교우 관계에 더 집중하기로 했습니다. 적어도 이런 집

단에서는 자신이 둘째인 것을 모르니 평등하게 대우해 줄 것이라고 여겼습니다. 그리고 그게 착각이라는 것은 자신이 그런 그룹에 속하자마자 깨달을 수 있었습니다.

이미 형성된 둘째 아이의 매너와 품성은 또래 관계에서도 직장에서도 유감없이 발휘된 까닭입니다. 자존감이 낮은 E부장은 자신의 그런 성향을 누군가가 알아보고 타깃을 삼으면 바로 그의 손아귀에 떨어지곤 했습니다. 그러면서도 그는 자신을 휘두르는 강한 사람들의 눈치를 보고 심지어 의존하는 경향도 보였습니다.

차라리 이렇게 저렇게 뭔가를 요구하고 그들의 욕구를 해결해 주는 과정에서 적어도 자신의 존재가 잊히지 않았다는 안도감을 가지기도 했습니다. 시간이 지나면서 어쩌면 자신에게 아무것도 부탁하지 않는 상황을 맞닥뜨려 자신이 사랑받을 자격이 없는 존재인가 두려움에 떠는 것보다는 더 낫다는 착각에까지 이르렀습니다.

형제들 역시 늘 뭐든 양보하던 E부장에게 거리낌 없이 부모의 부양을 떠맡겼던 것입니다. 죄책감도 미안함도 없이…. 어차피 그렇게 해야 E부장 역시 안도감을 느낀다는 것을 기민하게 알아챘는지도 모를 일입니다.

순종적이지만 그것 때문에 너무 괴로운 자녀들은 사회에 나가서도 이런 식으로 종종 표적이 될 수 있습니다. 형제의 서열상 둘째인 경우도 있지만 외동이나 독자, 독녀 중에서도 이런 성향을 지닌 사람들이 많습니다. 책임감이 강하다는 것은 그만큼 마음의 부하가 크다는 것을 의미하니까요. 그리고 나쁜 사람들은 기가 막히게 알고 그 마음을 파고듭니다.

그러면 어떻게 해야 했을까요?

가정이든 사회든 집단생활에서는 그 책임을 나눌 수 있는 만큼 나눠야만 부담을 덜 수 있습니다.

E부장은 '좋은 아들', '좋은 형제'의 역할만큼 '좋은 남편'과 '좋은 부모'의 역할의 중요성도 깨닫고 진즉에 형제들에게 SOS를 쳤어야 했습니다.

그리고 회사에서도 이왕 퇴사할 것이라면 그는 자신이 실패한 프로젝트에서 자신이 책임을 져야 할 부분만 책임 지우게 하라 따졌어야만 했고, 자신의 덕으로 그 프로젝트가 된 것이라면 칭송을 가로챈 동기에게 한껏 생색냈어야 했습니다.

뒤늦었지만 지금이라도 이렇게 자신의 호구력이 어디에서 기인했는지 깨달을 수 있어서 다행이라는 E부장. 그는 조만간 아내와 여행을 떠나서 그동안 누리지 못했던 휴식을 한껏 누릴 계획입니다. E부장은 좋은 남편부터 시작해 보기로 다짐했습니다.

부모님에게 관심과 인정을 갈구하기 위해
과도하게 착한 아이로 살아야 했다고요?
· · · · · · · ·
그렇다면 당신은 중간 아이 증후군에 빠져 있었군요!

형제의 서열 중 둘째는 상대적으로 관심과 지원을 덜 받게 되어 눈치를 보고 소외감을 느끼는 경우가 많습니다. 첫째는 둘째가 태어나기 전까지 부모의 관심을 오롯이 다 독차지하는 특권을 얻고 막내는 나머지 형제들이 어느 정도 큰 상태에서 태어나기 때문에 귀여움을 독차지합니다.

심리학자 알프레드 아들러는 이러한 이유로 둘째는 대체로 자존감이 낮고 다른 형제들에게 질투심을 많이 느낀다고 주장하며, '중간 아이 증후군(Middle Child Syndrome)'이라는 정의를 만들었습니다.

중간 아이 증후군이 있는 아이는 다른 형제들에 비해 관심을 적게 받아 자라면서 자존감이 낮아지고, 부모에게 더 많은 관심과 인정을 받기 위해 과도하게 착한 아이가 되거나 경쟁심이 강한 아이로 자라날 우려가 있습니다.

혹은 둘째는 자라나 성인이 되었을 때는 타인보다 훨씬 적극적이며 성취지향적이고, 폭넓은 대인관계를 맺을 수도 있습니다. 교섭자 역할을 가장 잘 수행하기도 합니다. 물론 좋은 방향으로 승화될 때만 해당하는 말입니다.

56

이혼하고 싶은
<u>헌신적인 아내</u>

"내가 좋아하는 것 같은 사람들도 가만히 생각해 보면 다 불편한 구석이 있어요.
실망스러웠던 것도 있고, 미운 것도 있고, 질투하는 것도 있고,
조금씩 다 앙금이 있어요. 사람들하고 수더분하게 잘 지내는 것 같지만
실제로는 진짜로 좋아하는 사람이 아무도 없어요.
혹시 그게 내가 점점 조용히 지쳐가는 이유 아닐까,
늘 혼자라는 느낌에 시달리고 버려지는 느낌에 시달리는 이유 아닐까."

– 드라마 [나의 해방일지] 대사 중에서 –

호구의 탄생

불행은 쉽게 학습되고,
비슷한 환경에 처하면 쉽게 복원됩니다

F씨의 어머니는 잘나가는 전문직 여성이었지만 결혼 후, 임신과 출산을 하면서 직장을 그만두고 전업주부가 됐습니다. 임신 중독증으로 체중이 20킬로그램 이상 불었다가 출산 후에도 살이 빠지지 않았던 F씨의 어머니는 히스테리가 가득한 여성이 됐습니다. F씨의 어머니는 F씨 자매를 자신의 빛나는 인생을 발목 잡았던 존재로 늘 못마땅하게 여겼습니다.

어릴 때부터 원하는 것을 해냈을 때만 남편과 자녀에게 애정을 주는 냉정한 여자였던 어머니. F씨가 초등학교에 들어가기 전, 가족 모두가 놀이공원에 가서 놀았던 그 하루가 F씨 가족이 싸우지 않고 소리 지르지 않았던 유일한 날로 기억할 만큼 그녀의 가족은 불행한 나날을 보냈습니다.

결국, 어머니와 불화를 겪던 아버지는 다른 여성과 외도를 저질렀고 혼외자까지 두었습니다. 이런 가정환경 속에서 F씨의 여동생은 늘 F씨를 거의 어머니처럼 여기며 의존했습니다. 다른 친구들이 학원을 갈 때도 F씨는 신경정신과 약을 먹고 등 돌린 채 무기력하게 누운 어머니를 대신하여 김치볶음밥을 만들어 동생에게 차려주고 밀린 집안일을 해야만 했습니다.

결국, 어머니와 아버지는 이혼했습니다. 남은 어머니와 여동생의 일상을 세세하게 돌보는 것은 F씨의 몫이 됐습니다.

그녀에게는 평범한 학창시절이 존재하지 않았습니다. 그녀에게 '집'은 숨 막히는 공간이고 '가족'은 어린 시절 그녀의 어머니가 그랬듯 F씨의 발목을 잡는 사람들이었습니다. 늘 혼자라는 고독감을 느껴야 했습니다. 그녀에게 가족은 사랑하는 사람이 아니라 그저 보살펴야 하는 대상이 됐습니다.

대학을 졸업하자마자 가족을 위해서라도 안정된 직업이 필요했기에 사회복지학을 전공한 그녀는 사회복지 공무원이 됐습니다.

자신보다 다른 이를 돌보는 것이 몸에 뱄던 그녀였지만 사회복지 공무원은 힘든 직업이었습니다. 가난하고 아픈 이들이 찾아와 그녀에게 하소연하고 울며불며 매달리거나 더 도와주지 않는다며 가위나 칼까지 들고 협박할 때면 그녀는 무섭다기보다는 자신의 가족들을 만나는 것 같아 숨이 턱 막혔습니다.

그녀가 힘이 들어 신경정신과 약을 먹는 것을 우연히 보게 된 F씨의 어머니. 그녀는 걱정에 애가 타는 다른 부모들과 사뭇 다른 반응을 보였습니다.

"젊은 것이 뭐가 힘들다고 벌써부터 약을 먹어? 쯧쯧쯧… 못나기는…."

늘 최선을 다했지만, 자신이 하는 이 헌신들이 어머니에게는 너무 보잘것없다는 사실이 더 견디기 힘들었습니다.

그러다가 같은 주민센터에서 근무하는 공무원이었던 지금의 남편과 짧은 연애 끝에 결혼했습니다. 자기 일에는 성실했지만 다소 무뚝뚝한 기질을 갖고 있었던 남자였습니다.

F씨는 남편을 퍽 사랑하는 것은 아니지만 고마운 존재였기에 존중했습니다. 약간 극성맞아도 남편과 다르게 살가운 시부모와 시동생은 원가족이었던 부모와 여동생보다 더 F씨에게 심리적 안정감과 편안함을 주었습니다.

어느새, 그녀는 더는 약을 먹지 않아도 됐습니다.

부모님과 여동생에게 늘 헌신적이었던 착한 딸이었던 F씨는 신혼 초부터 요새 이런 여자가 어디 있을까 싶을 정도로 남편에게 헌신했습니다. 남편은 그녀의 탈출구가 돼 준 고마운 존재였으니까요. 하지만 몰랐습니다. 그녀의 희생은 대상만 배턴터치 됐을 뿐 아직도 끝나지 않았다는 것을요.

첫아이가 태어났습니다. 같은 맞벌이였지만 아이 양육의 70, 80퍼센트는 F씨 자신의 몫이라고 여겼습니다. 처음에는 당황하던 남편이 같이 분담하자고 말했지만, F씨는 고마워할 뿐 본인이 거의 다 전담하는 것이 오히려 마음 편하다며 거절했습니다. 내심 늘 자신들을 양육하면서 아버지에게 투덜대며 불만을 터뜨렸던 어머니가 생각났기 때문입니다.

그런 식으로 점점 집안일과 아이 양육을 F씨가 독점하자 자연스럽게 남편 역시 더는 돕겠다고 소매를 걷어붙이는 일은 줄어들었습니다. 정작 남편이 그렇게 하자 F씨는 매우 힘들었고, 불쑥불쑥 섭섭한 감정이 치솟았습니다. 하지만 자신이 한 말이 있어서 더는 타박하지도 못했습니다. 그렇게 아등바등 직장 다니면서 아이를 키웠습니다.

'아이가 크면 놀이동산에 가서 꽃처럼 웃을거야! 난 꼭 행복할거야!'

단 하나의 소원이었습니다. 하지만 워킹맘의 삶은 힘들었습니다. 점점 F씨에게는 아무것도 하지 않는 남편에 대한 미움이 적립돼 갔고, 가정과 직장에서 스트레스가 많았던 그녀는 폭식을 거듭해서 엄청 뚱뚱해지고 말았습니다. 그 옛날 F씨의 어머니처럼요.

그런 자신의 모습에 의기소침해지고 여자로서 자신감도 떨어진 나날이 이어졌고, 점점 남편도 가정을 등한시하고 밖으로 나돌았습니다. 어느 날, 무심코 청소를 하다가 마주친 거울 속 여자를 보고, 그녀는 폭발하고 말았습니다.

무작정 맞춰주는 사람은 불편합니다

어느 정도 아이가 크고 여유가 생기면 F씨는 부모님과 다르게 남편과 사이좋게 여행을 다니고 데이트도 하면서 오붓하게 살고자 했습니다. 나의 아이에게는 어린 시절의 서러움과 괴로움을 물려주지 않겠다는 의지도 강했습니다. 하지만 워킹맘으로 사는 동안 이런 바람은 점점 퇴색해졌습니다.

게다가 착하고 헌신적이었던 F씨의 행동들을 당연한 권리처럼 여기는 남편은 이제 F씨에게 증오의 대상이 됐습니다. 자신의 행적을 세세히 알리지 않고 지방 어딘가로 낚시나 등산하러 다녀오거나 그녀가 잘 모르는 모임의 사람들을 만나는 일들이 잦아지는 남편에게 서운한 감정을 넘어서 의심과 미움까지 생겼습니다.

힘든 시간 속에서도 그녀의 헌신은 마치 습관처럼 이어졌습니다. 어느 날, 신발장에서 남편의 구두를 꺼내서 반질반질 광을 내던 F씨는 순간 주저앉아 오열하고 말았습니다. 여전히 자신의 마음속에는 어린 시절 불화하는 부모의 다툼으로 잔뜩 겁먹고 움츠러든 어린 여자아이가 있다는 것을 깨달았던 것입니다.

부부싸움 끝에 몇 날 며칠 식음을 전폐하는 엄마를 위해 요리를 하고, 동생을 돌보며, 아빠의 구두를 반질반질 광을 내며 닦았던 어린 F씨.

그 빛나는 구두를 신고 가족을 버리고 집을 떠나버린 친정아버지가 떠올라 견딜 수 없어진 그녀는 술과 함께 수면제를 과다 섭취했고 그 이튿날 병원 응급실에서 깨어났습니다.

그녀가 눈을 떴을 때 무뚝뚝하기 그지없었던 남편은 두 눈이 퉁퉁 부어 벌게진 상태로 곁에 앉아 있었습니다. 그런 남편을 보자마자 그녀가 한 행동은 희미하게 미소 짓는 것이었습니다.

'아, 나는 버려지지 않았구나. 내 남편은 아버지랑 달라.'

그녀가 느낀 감정은 안도감이었습니다. 평소 무뚝뚝했던 남편이 울먹거리며 소리쳤습니다.

"사람이 왜 이렇게 모질어? 나는 어떻게 하라고….."

남편은 아버지가 아니었습니다. 같은 의미로 F씨는 어머니가 아니었습니다.

늘 남편과 자녀에게 냉정했고, 자신의 사회적 몰락을 가족 탓으로 돌렸던 어머니와 다르다는 것을 보여주기 위해 전전긍긍했던 본인의 모습이 어쩌면 어머니의 그늘에서 여전히 벗어나지 못한 방증이라는 것을 F씨는 드디어 깨달았습니다.

F씨의 남편 역시 힘들었던 속내를 고백했습니다.

"당신이 내가 뭔가를 하는 것을 원하지 않는 줄 알았어. 나라고 무작정 다 맞춰주는 당신이 편한 것만은 아니었다고!"

신혼 때부터 한결같이 헌신적인 F씨의 태도가 사실은 그녀의 남편을 숨 막히게 했다는 것을 알게 됐습니다. 뭐든 혼자서 다 하는 아내로 인해 가정 속에서 편성된 자신의 배역이 늘 없어서 갑갑했지만, F씨가 그것을 더 편안하게 여기는 것 같아서 차마 말하지 못했다는 남편의 속내도요.

매 순간 아내가 맞춰주다 보니 갑을관계처럼 되어버린 것을 F씨의 남편도 알고 있었지만, 뭔가가 잘못됐다고 느낀 순간 이미 늦었더라고 말했습니다. 그래서 남편 역시 무력감과 고립감에 많이 힘들었다고….

자신의 헌신을, 가정을 위해 하는 과업들을 매 순간 기를 쓰고 인정받으려는 아내에게 상처 주기 싫어서 밖으로 떠돌았지만 단 한 번도 허튼짓은 하지 않았다고 항변하는 남편을 그녀는 꼭 껴

안았습니다. 그제야 F씨는 남편을 온전히 사랑할 수 있었습니다.

 착한 사람과 의견이 없고 수동적인 사람은 똑같은 사람이 아닙니다. 착한 사람은 다 좋아하지만, 의견이 없고 무작정 맞춰주는 사람을 다 좋아하지는 않는 법입니다. F씨의 남편에게 아내의 원치 않는 헌신은 어떤 의미에서 '폭력'이었던 셈입니다.

 자신의 삶에 정당성과 자긍심을 불어넣기 위해서는 과거의 상처(그것이 헌신이라는 미명 하에 행했던 좋은 일이라도)를 애써 봉합해 지금은 아무렇지도 않은 척 가장하려는 것은 인간의 당연한 심리일 것입니다. 하지만 마냥 덮어 두다 보면 아래에서는 심하게 곪을 수 있습니다. 더 나은 성장을 방해하는 퇴행의 원인이 될 수도 있습니다.

 F씨는 요새 남편과 함께 등산도 하고 조깅도 합니다. 80킬로그램에 육박했던 몸무게도 20킬로그램 이상 뺐습니다. 그토록 두려워했던 둘째 아이 임신을 요새 간절히 기다리고 있습니다. 네 식구가 언젠가는 놀이공원에서 신나게 행복하게 웃을 날을 고대하면서요. 그 하루 역시 과거 어린 F씨의 가족들이 함께했던 하루와는 완벽하게 다를 것입니다.

당신의 지금 인생이 예전의 좋았던 기억들에 의해
겨우 견디고 있는 중이라면
· · · · · · ·
그렇다면 당신은 므두셀라 증후군에 빠져 있군요!

사람들에게는 추억을 아름답게 포장하거나 나쁜 기억을 지우고 좋은 기억만 남기려는 심리가 있습니다. '첫사랑' 하면 풋풋하고 애틋한 기억이 먼저 떠오릅니다. 첫사랑이 준 상처보다 설렘을 먼저 기억하는 것처럼 나쁜 기억은 지우고 좋은 기억만 남겨두려는 것을 심리학 용어로 '므두셀라 증후군'이라고 합니다.

므두셀라는 구약성서에 나오는 노아의 할아버지입니다. 969세까지 살았던 므두셀라는 나이가 들수록 과거를 회상할 때 좋은 기억만 떠올리고, 그때로 돌아가고 싶어 했습니다.

심리학에서는 므두셀라 증후군이 기억을 왜곡하는 도피심리와 관련이 있다고 봅니다. 어려운 현실도피를 위해 과거를 객관적으로 인지하기보다 좋은 기억만 선별적으로 떠올리려 한다는 것입니다. 동시에 자신에 대한 방어심리로 보는 견해도 있습니다. '생존력'의 일종이라는 말입니다. 과거 안 좋은 기억만 자꾸 생각하다 보면 살기 힘들어지니까요.

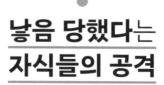

낳음 당했다는
자식들의 공격

"내 부모는 열을 주고도 하나가 더 없는 게 가슴 아프다.
그렇게 힘껏 퍼주기만 하는데도 자식한텐 맨날 그렇게 빚진 사람이 된다."

– 드라마 [동백꽃 필 무렵] 대사 중에서 –

열심히 일했었는데… '은퇴 남편 증후군'

은퇴 1년 차 G씨는 경기도 안성의 가난한 농사꾼의 아들로 태어났습니다. 그 시대 장남에, 공부 잘하던 자녀들이 흔히 그러하듯 밑의 동생들이 고등학교만 졸업한 채 농사지을 때, 홀로 서울의 유명 사립대에서 회계를 전공했습니다. G씨는 늘 부모형제에게 미안해 했습니다.

묵묵히 학교에 다니고, 직장을 다니고, 결혼하고 아이가 태어난 다음에도 부모나 동생에게 진 마음의 빚을 갚을 수는 없었습니다. 금전적인 도움을 주기는커녕 본인의 삶을 현상 유지하는 데만도 힘들었습니다. 맞지 않은 큰 신발을 신은 듯 G씨에게 세상살이는 늘 헐떡이는 그 무엇이었습니다.

그나마 공기업에서 재무팀장까지 했으니 G씨는 시골 출신치고는 나름 자수성가한 편이라 할 수 있었습니다. 하지만 문제는 은퇴 이후였습니다. 퇴직하자마자 30여 년간의 직장 생활을 통해 쟁취한, 작은 성공의 상징인 지위가 사라졌고, 바로 그에게 우울감이 역습했습니다.

직장이라는 세계에서 몸 담그고 있을 때 갖고 있었던 자신감과 통제감, 다양한 인적 네트워크가 한순간에 사라지니 무력감이 컸습니다. 괜스레 섭섭한 마음이 불쑥 들었고 울화가 치밀어올라 냉수를 들이켤 때도 많았습니다.

유능한 가장에서 한순간에 갑자기 무능한 가장이 된 듯한 느낌은 수치스럽기도 했습니다. 출근 시간대 산책을 할라치면 아파트에서 만나는 주민의 시선에도 괜히 위축됐습니다. 대낮에 산이나 공원에서 만나는 비슷한 연배의 사람들 시선까지도 어색하고 불편했습니다.

'동류는 동류를 알아보는 법', 은퇴 이후 남는 시간을 보내려는 남자들이 모인 한정된 공간에서 서로 눈을 마주치면 슬그머니 고개를 돌리곤 했습니다.

친한 친구, 심지어 가장 가까이 있는 아내에게도 이런 초라한 내면을 보여주고 싶지 않았습니다. 특별히 내세울 것 없는 평범한 아저씨가 된 자신을 그대로 보여주기 싫어서 가방을 메고 정처 없이 돌아다니거나 도서관이나 지하철에서 시간을 때운 적도 부지기수였습니다.

아내와 자녀들 역시 매우 힘들어했습니다. 갑자기 집에서 세끼 밥을 해달라 보채기만 하고 집안일에 서툴러 도움 안 되는 남편과 아버지가 얼마나 불편했을까요? 하지만 평생 고생한 자신에게 고운 눈길을 보내지 않을 때는 좀 서러운 마음도 들었습니다.

은퇴 이후 한 1년간은 여유롭게 지내겠노라 했던 다짐도 무색하게 취직자리를 알아보기 위해 발로 뛰었습니다. 아파트 경비자리에 취직하게 됐습니다. 이마저도 없어서 난리였습니다.

처음에는 적응이 힘들었습니다. 그래도 쌓아온 인생이 있는데 어디 가서 밥값을 못하겠나 싶었는데 막상 간 곳이 일도 고된 데다가 멀끔한 일을 하는 곳이 아니어서 몸보다 마음이 더 힘들었습니다. 회사에서 배양한 재무 관련 업무 전문성이나 관리자의 자질은 전혀 필요하지 않았습니다.

아파트의 분리수거 물품을 정리하고 단지 내 개똥을 치우고 소소한 민원을 처리하면서 처음에는 그 괴리감이 너무 힘들었습니다. 그러다가 점점 예순 살 넘어서 이렇게라도 일을 할 수 있는 것이 참으로 다행이라고 생각했습니다.

사랑이라는 이름으로 호구에 명하노라!

어느 날, G씨가 아파트 경로당에서 순찰하는데 나이 지긋한 노인들 사이에 다툼이 벌어지는 것을 목격했습니다. 씩씩거리면서 무리에서 쫓겨나는 사람은 경로당에서도 평판이 좋지 못한 노인이었습니다.

그에게는 자식이 4명이나 있는데 그중 장남이 성실하고 온순한 성격을 가진 회계사로 제일 잘났고 밑의 아들 3명은 모두 백수건달이라는 이야기를 G씨도 들었던 적이 있습니다.

이 노인은 젊은 시절부터 일하지도 않고 무위도식했는데, 경로당 노인들 말로는 그치는 자기 첫째 아들한테 "너는 장남이니까 무조건 동생들과 부모 인생 책임져야 한다."라고 요구하면서 장남이 결혼하기 위해 데리고 온 예비 며느리를 두 번이나 내쳤다는 일도 있었다고 했습니다.

　G씨는 실제 그 노인의 장남을 서너 번 본 적이 있었습니다. 좋은 외제 차를 모는 그 아들의 얼굴은 늘 표정이 없고 힘이 없었습니다. 가족들을 건사한다는 뿌듯함이나 자부심 따위는 사라진 얼굴이었습니다.

　'유독 잘나가는 자식에게 빨대 꽂고 사는 인간이 있다고 하더니… 에잇, 꼴 보기 싫어!'

　G씨에게도 아들과 딸이 있었습니다.

　베이비붐 세대에 태어난 남자들이 그렇듯 G씨 역시 자녀들과 그리 유대관계는 깊지 않았습니다. 특히 직업군인인 아들은 과묵한 G씨를 닮아서 둘이 집에 있는 날이면 종일 나란히 소파에 앉아 텔레비전만 볼 뿐이었습니다.

　그런데 그 아들이 군에서만 근무하느라 물정 모르고 순진했던 탓에 보이스피싱으로 오천만 원을 날리는 일이 생겼습니다. 결국, 곶감처럼 아껴가며 빼먹고 있던 퇴직금의 많은 부분을 아들에게 건네줄 수밖에 없었습니다.

　사실 G씨는 나이 들어서도 장가를 안 가고 집에서 독립을 못하는 아들이 한심하다고 생각했습니다. 남들은 버젓이 대학 다닐 때 공부에 뜻이 없어 부사관으로 지원하고 말뚝 박았던 아들이 성에 차지 않았는데 이렇게 나이가 들어서도 남한테 사기나 당하는 것이 영 마땅찮았습니다.

그리고 그저 자식 불쌍하다고 알토란같은 퇴직금을 선뜻 내어 주는 본인이 호구처럼 느껴졌습니다.

G씨의 딸은 아내와는 재잘거리며 자주 수다를 떨지만 퇴직한 아버지와 아직 장가도 못 간 오빠가 있는 집안에서 독립하는 것만이 꿈일 만큼 다른 가족과는 유대관계가 별로 없었습니다. 보이스피싱 사건이 있고 나서 그나마 딸의 독립 얘기는 쑥 들어간 것이 다행이었습니다.

어느 날, 아들은 보이스피싱 당하기 전까지는 그래도 월 50만 원씩 줬는데 취업을 한 딸은 여태 그런 것도 없다고 투덜거리는 아내의 하소연을 들었습니다.

G씨는 여태껏 키워줬는데 월 얼마씩 달라는 소리를 할까 말까 망설였지만, 대학교 다닐 때 어학연수를 떠나고 싶어 했던 딸을 돈이 없어서 만류했던 미안한 기억에 차마 입을 뗄 수 없었습니다. 게다가 아내가 전해 준 그녀의 친구 얘기를 듣고서는 말하는 것을 아예 포기하고 말았습니다.

"여보 내 친구 금희 알죠? 걔가 자기네 딸한테 취업 전까지 입고 먹이고 용돈 줬으니 취업 후에 월 30만 원이라도 달라 했더니 연 끊겠다고 난리난리를 피웠대요! 낳음 당했다고, 내가 원해서 태어난 것도 아닌데 그런 것까지 부모한테 해야 하냐고…."

"설마 우리 딸이 그럴까?"

하지만 만약…. 상처받고 싶지 않아 G씨는 아예 입 밖으로 꺼내지 않는 것을 택했습니다. 그러던 중 입주민의 가구를 같이 옮

겨주다가 허리를 다치고 만 G씨가 2주 동안 일을 못 나가게 되는 일이 생겼습니다. 월급이 현저하게 줄자 망설일 수밖에 없었습니다.

'딸! 생활비 조금 보태다오!'

하지만 전전긍긍하기만 했지 결국 말하지 못했던 G씨. 허리가 나아서 다시 경비 일을 시작한 그날 밤, 딸이 어색하게 웃으면서 G씨에게 봉투를 내밀었습니다.

G씨의 눈가가 뜨끈해졌습니다. 기대치 않게 아버지가 눈물을 줄줄 흘리는 모습에 당황했던 G씨의 딸도 함께 그렁해진 눈으로 가만히 G씨의 손을 잡아주었습니다.

요즘 G씨의 소소한 행복은 가끔 휴가를 나온 아들이 사 들고 오는 통닭과 맥주를 기다리는 것입니다.

이제는 G씨 자신을 호구라고 생각하지 않습니다. 그리고 아들과 딸을 호구 취급할 마음도 없습니다. G씨에게는 가족을 호랑이 아가리에 처넣는 사람은 진짜 가족이 아니었으니까요.

평소 일에 몰두하던 사람들이 갑자기 정신적, 신체적 피로감이 크게 느끼는 것을 '번아웃 증후군'이라고 한다면 그 반대의 증후군도 있습니다.

자신의 적성과 맞지 않는 업무를 계속하거나 승진과 이직 등에 필요한 업무가 아닌 성장 가능성이 없을 거라 생각되는 일을 지속하다 보면 일에 지루함을 느끼고 회의를 느끼기 때문에 나타나는 현상인 '보어 아웃 증후군'이 있습니다.

이는 직장인들이 지루하고 단조로운 업무와 업무에 대한 무관심으로 의욕상실을 느끼는 상태, 목적이 불충분하거나 아예 없는 일을 할 때 발생합니다.

연차가 쌓이면서 더는 열정이 없는 상태에서 '브라운 아웃 증후군'에 빠질 수 있습니다. 일에 대해서 의미를 찾지 못하고 그 일이 전혀 쓸모없다고 느끼는 겁니다.

'번아웃'은 갑자기 찾아오고 증상이 확연하지만 '보어 아웃'이나 '브라운 아웃'은 뚜렷한 증상 없이 오랜 기간 가랑비에 옷이 젖듯이 영향을 미치기 때문에 뒤늦게 알아차리곤 합니다.

어쩔 수 없는
평화주의자 직장인

"굴욕이라는 건 삼킬 수만 있으면 몸에 좋은 거야.
잠깐 웅크리고 있다가 다시 일어나면 돼."

– 드라마 [작은 아씨들] 대사 중에서 –

평화를 위해 굴욕을 택했습니다

새로 론칭한 상품 광고기획안을 작성하던 J씨는 오늘도 사수인 40대 여성 선배 때문에 스트레스가 심합니다. 웬만하면 구두로 협의할 만한 것들도 사내 메신저로, 퇴근 이후에는 외부 이메일로 보낼 만큼 말 섞는 것이 싫습니다.

그 여성 선배와 이번에 맡은 기획안 최종회의 때 의견 충돌이 있은 다음부터 서로 얼굴을 쳐다보는 것이 J씨에게는 너무 스트레스였던 것입니다.

소심한 성격의 J씨는 이처럼 동료나 상사와 관계가 틀어질 때 가장 스트레스를 많이 받습니다. 그녀에게 일은 아무리 힘들어도 괜찮은데 사람에게 친절하지 않거나 특히 남의 감정을 고려하지 않고 직설적으로 이야기하는 사람은 너무도 견디기 힘듭니다.

게다가 소심한 J씨의 성격을 잘 알면서도 대놓고 불친절하고 적대적인 태도를 보이는 사람들은 J씨에게는 정말 암 유발자들이기 때문입니다.

J씨도 물론 잘 알고 있습니다. 대부분은 J씨의 배려심이나 유순함을 좋아하지만 어떤 이들은 성실하고 착하다 칭찬의 말을 흉내 내면서도 그 눈에는 '정말 호구가 따로 없다.'라는 생각을 가득 담고 있다는 것을요.

그렇게 된 이유가 자신이 기가 약하기 때문이라고 생각하는 J씨는 살면서 본인의 성격을 바꾸기 위해 학원도 다니는 등 정말 많이 노력했습니다. 그래도 쉽게 바뀌어지지 않았습니다.

J씨는 웬만해서는 주변의 요청을 거절하지 못하는 스타일입니다. 게다가 J씨는 한번 맡은 일은 절대 허투루 하지 않는 완벽주의 성향까지 갖고 있습니다. J씨는 인정욕구가 강해서 그저 영혼 없는 칭찬을 기가 막히게 알아챕니다. 그녀는 다만 자신이 한 부분에 대해서는 고개를 끄덕여주기를, 고생했다고 말해 주기만을 바랐습니다.

그러나 그 여자 선배처럼 J씨에게 스트레스를 주는 동료들은 자기 일을 자연스럽게 남에게 넘기는 '토스의 달인들'이었고, 그 실적을 자신의 것으로 삼고 남에게 널리 알려버려 손쉽게 공인받는 '스피커의 장인들'이었습니다. 한마디로 얌체들이었죠.

최근 첫아이를 임신한 후 맡았던 중요한 프로젝트를 하혈이 내비치는 상황에서도 최선을 다했던 J씨였건만 결론적으로는 마무리 작업만 담당했던 여자 선배가 자기 의중대로 약간 비틀었던 콘셉트가 최종 채택이 되면서 이때껏 했던 작업 모두가 무위로 돌아간 일이 있었습니다.

J씨는 임신을 이유로 배려라는 미명 하에 영양가도 없는 다른 팀의 백업 업무를 맡았습니다. 그 와중에도 J씨가 전임자였다는 이유로 그 여성 선배는 수시로 업무에 대한 인수인계를 요청하면서 실질적으로는 그 프로젝트에서 완전히 손도 못 떼게 하는 등 교묘히 상황을 본인 의도대로 조작했습니다.

스트레스가 심했던 그녀는 조산기가 있어서 심각하게 휴직이나 퇴직을 고민하기에 이르렀습니다.

딱 필요한 만큼 친절하세요!

임신하고 나서부터는 J씨에게 전에 없던 변화가 생겼습니다. 예전에는 억울함이나 분노 등의 감정을 내면에 간직하고 있어도 겉으로는 웃었던 J씨였습니다. 하지만 극심한 호르몬의 변화 덕분인지 욱하면 쉽게 화가 터져 나오기 시작했습니다.

과거라면 용기를 겨우 내어 남에게 화를 내면서도 그 과정에서 생기는 후회, 절망감, 자책감에 시달렸던 J씨. 어울리지도 않게 화를 낸 날에는 어김없이 만성피로, 소화불량, 불면증 같은 증상에 시달려야 했던 J씨였지만 아이를 지키기 위한 모성애의 발로인지 임신 기간 중 그녀의 화는 수시로 터져 나왔습니다.

그리고 깨달았습니다. 화를 낸 이후에 오히려 카타르시스 같은 상쾌함과 시원함을 느끼면서 지금껏 그녀는 자신의 감정을 제대로 들여다보지 못했다는 것을 알게 됐습니다.

이후부터 J씨는 자신의 감정을 그때마다 바로바로 표현하기에 이르렀습니다. 업무 중 감정을 표현하지 못할 상황일 때는 배우자, 친구, 동료, 심리 전문의 등 누구라도 자신이 편하다고 느끼는 사람에게 속마음을 드러내기도 했습니다.

진짜 열 받는 일이 생기면 아예 사무실에서 나와 회사 옥상에 올라 하늘을 보거나 가까운 공원을 찾아 잠시 편하게 휴식을 취하기도 했습니다.

그런데 이렇게 자유롭게 감정을 분출하자 그녀에게 이전과 다른 새로운 세상이 펼쳐졌습니다. 마음을 드러내니까 전보다 사람들의 태도가 더욱 조심스러워졌고 그녀의 말을 더욱더 경청하고 수용해 주었던 것입니다. 그 깐깐하고 호전적인 여성 선배조차도요.

그때야 J씨가 깨달았습니다. 그녀가 온순하고 친절했던 것은 사실 남을 위해서가 아닌 그저 '나를 위한 친절'이었다는 사실 말입니다. 다툼이나 논쟁이 싫어서 회피한 것도 그 누구도 아닌 J씨 본인이었다는 사실을 덩달아 알았습니다.

J씨처럼 타인과 다투거나 불편하게 지내는 걸 극도로 싫어해 평온한 척하며 사는 사람들이 무수히 많습니다. 언쟁의 순간이 도래하면 심장이 터질 듯 벌렁거리고 입술이 바르르 떨리는 그런 엿 같은 상황을 최소한으로 만들기 위해 친절한 척, 괜찮은 척 굽니다. 하지만 사실은 마음이 전혀 괜찮지 않았던 것이었죠.

그런데 문제는 남들은 온순한 사람이 그런 폭풍 같은 지옥을 견디고 있다는 것을 절대 모른다는 사실입니다. J씨 같은 사람들의 가슴속에 요동치는 그 너울성 파도를 단 한 순간도, 한 자락도 못 느낀다고 생각하면 얼마나 억울할까요?

이럴 때의 온순함이나 친절은 장점이 아니라 약점이 되어 타인에게 휘둘릴 수 있는 빌미를 주게 됩니다. 기억하세요. 딱 필요한 만큼만 친절하세요!

친절함과 온순함은 한계선을 갖고 있어야 자존감 높게 살아갈 수 있고 행복한 삶을 영위할 수 있습니다.

좋은 감정뿐만 아니라 우울한 마음을 겉으로 보이지 않는(못하는) 사람들이 있습니다. 또한, 우울한 마음을 내보이지 않는 사람 중 그 내면과 반대로 겉으로 매우 밝은 모습을 보이는 사람들도 있습니다. 마치 웃고 있는 하회탈처럼 가면을 쓰는 사람들입니다. 이런 사람들은 '스마일마스크 증후군' 또는 '가면우울증'을 앓고 있을 가능성이 농후합니다.

슬픔이나 분노를 잘 표출하지 못하고 가슴 안으로 곪는 증상인 가면우울증을 가진 사람들은 매우 위험합니다. 적절한 시점에 개입해 치료해 주지 않으면 스스로 목숨을 끊는 등 위험한 상황에 직면할 수 있습니다.

이런 사람들이 얼마나 될까 싶지만 의외로 많이 존재합니다. 특히 직장에서 밥 빌어먹는 샐러리맨들은 이런 스마일마스크 증후군을 크게든 작게든 겪고 있을 확률이 높습니다. 그중에서도 사람들을 많이 만나는 감정노동자 직군에서 많이 생깁니다. 본인이 스마일마스크 증후군처럼 느낀다면 심각하게 받아들이고 서둘러 해결책을 찾아야 합니다.

소소한 변화에
예민한 사람들

"그러면 어때? 그냥 그런대로 널 좀 놔둬.
소나기 없는 인생이 어디 있겠어? 이럴 때는 어차피 우산을 써도 젖어.
이럴 땐 '아이, 모르겠다' 하고 그냥 확 맞아 버리는 거야."

– 드라마 [갯마을 차차차] 대사 중에서 –

나비의 날갯짓 하나에 마음속에서 전쟁이 일어나는 그들

H씨는 조그마한 일신상의 변화에도 너무 심각한 스트레스를 받는 타입입니다. 그가 가장 부러워하는 사람들은 신경줄이 두꺼워서 웬만한 일에도 눈 하나 깜빡이지 않는 사람들입니다. 대중 매체에서 폭력적인 영상물을 보기만 해도 오금 저리고 가슴 두근대는 H씨와 판이하게 이 세상에 산재하는 위험이나 불안, 범죄나 슬픔 등에 대해 무덤덤한 사람들이 그는 신기하고 부러울 뿐입니다.

H씨처럼 소소한 변화에도 큰 강도의 충격을 받는 사람들이 분명 있습니다. 그저 예민한 사람이라 지칭하기에는 그들은 이불밖, 문밖의 공포를 매우 크게 받아들입니다.

자유의 상실, 고통, 실망, 빈곤, 외로움, 조롱, 거절, 죽음, 실패, 무시, 배신…. 사람이 살면서 겪을 수 있는 다양한 고통이나 공포를 너무 과도하게 느끼는 사람들에게는 조그마한 나비의 날갯짓조차도 그들의 마음속에 피비린내 나는 전쟁을 일으킵니다.

H씨는 중학교 3학년 때 어머니가 멀쩡히 버스를 타고 집으로 돌아오다가 난데없이 들이박은 다른 차량 때문에 버스 승객 중 유일하게 목숨을 잃었습니다. 그는 온 우주가 사라지는 상실감을 맛보았고, 1년 동안은 히키코모리처럼 집 밖을 나가지 못했습니다.

겨우 집 밖을 나가 학교에 다녔는데 고등학교 2학년 때 그나마 마음을 터놓고 지내던 절친이 아르바이트 중 오토바이 사고로 죽었을 때 또다시 극심한 공포로 집 밖에 나가지 못했습니다.

H씨에게는 공포로 인해 유발된 감정이 하나씩 생길 때마다 적절하게 치료하지 못하고 차곡차곡 축적돼 간 것이 문제였습니다. 화석처럼 켜켜이 쌓인 공포심은 어떤 계기가 한번 만들어지면 아주 생생히 분출되곤 했습니다. 남들은 의아하다고 볼 정도로 심할 정도였죠.

아버지가 재혼한 이후, 새로 생겨 함께 살게 된 어머니와 이복여동생은 그에게 안정감을 주기보다는 극복해야 할 번거로움과 어색함을 주는 존재들이었습니다. 그것을 회피하기 위해서 그는 자신의 방안으로 숨어버리곤 했습니다.

사실 현대 사회에서 뉴스만 놓고 본다면 이렇게 공포스러운 시대도 없는 것 같이 보입니다. 마음을 따뜻하고 기쁘게 만드는 뉴스는 거의 없습니다.

물론 공포가 몹시 나쁜 것만은 아닐지도 모릅니다. 공포는 인간을 잠재적인 위험에서 보호해 주는 역할도 하기 때문입니다.

문제는 근심과 피해망상이 넘쳐 나는 전대미문의 시대에 온순하고 소심한 성향으로 인해 그 공포를 과도하게 맛보는 H씨 같은 사람들은 아주 작은 공포도 심각할 수 있다는 것입니다.

그들에게는 집 밖은 너무 위험한 공간입니다. 그리고 그에게 까칠한 사람들은 '적'이 됩니다.

H씨의 소심한 성격은 많은 이들과 일상이 고립됐던 코로나19 팬데믹 상황을 처음 맞이했을 때 절정을 이뤘습니다. 가뜩이나 협소했던 H씨의 인간관계는 더 쪼그라들었습니다.

팬데믹 이후 서로 얼굴 보는 일이 쉽지 않다 보니 점점 얼굴을 마주할 일이 있어도 불편하거나 상호작용하는 것을 두려워하기에 이르렀습니다. 하지만 생각 외로 팬데믹 상황이 길어지자 H씨는 그 고립무원의 상황에서 점차 평화와 안정을 찾아 나갔습니다.

재택근무를 하면서 거의 감정노동처럼 참석해야 했던 직장이나 사회 속 의례적 사교모임이나 급하지 않은 모임이 줄어들자 오히려 이 시간이 계속 유지되기를 바라는 마음으로 바뀌었습니다.

그러다가 재택근무가 해제되고 다시 출근하기 시작한 날부터 H씨의 가슴은 점점 벌렁거리고 걸핏하면 호흡곤란이 그를 엄습했습니다. 늘 그랬지만 몇 년 동안 평화와 고립을 맛보았던 H씨에게는 다시 나가야 할 세상 밖이 더욱더 불안하고 두려운 곳이 돼 버린 까닭입니다.

이것이 어디 H씨만의 사례일까요?

분명 기질적으로 내성적이고 고립을 즐기던 사람들이 존재합니다. 회사에 출근하여 다시 사람들과 이메일이나 메신저가 아닌 대면 회의를 하고 교육을 받고 프레젠테이션을 하는 상황이 공포스러운 사람들은 의외로 많습니다.

그 공포심이 예외적으로 강했던 H씨는 사람들과 대화하는 것, 심지어 전화 통화마저 두려워지면서 자꾸 실수했습니다. H씨는 점점 부서의 주요 업무에서 배제됐습니다. 자존감이 많이 떨어진 H씨는 망설이다가 휴직을 신청했습니다. 도저히 이런 상태로는 더는 살 수가 없어서 심리 치료라도 받아야겠다고 생각했습니다.

하지만 휴직 이후, H씨의 동굴은 더욱 견고하고 방어적으로 변했습니다. 그는 집 밖으로 거의 나가지 않았습니다. 모든 생필품을 온라인으로 주문했고, 가족들의 방문조차 거절했습니다.

대부분 사람은 집에만 있으면 일단 몸이 편한 상태이기 때문에 적응되기 쉽습니다. 병적인 것이 아니라 자연스러운 것이기 때문에 나가는 게 두려운 불안을 경험한다고 해서 극도로 걱정을 할 필요는 없습니다. 문제는 두렵다고 사회로 나가려고 도전하지 않은 채, 지속해서 집 안에만 있으려는 H씨 같은 경우입니다.

그 동굴이 정말 안전할까요? 내가 만든 공포에서 벗어나는 법

H씨에게 현관 문턱을 밟는 일은 엄청난 용기가 필요한 일이 돼버렸습니다.

사회적 교류를 끊고 찾아오는 가족들까지 피하던 H씨에게 사회불안증과 대인기피증 말고도 극도의 우울감과 무력감이 찾아들었습니다.

정신적인 문제 말고도 신체적인 문제도 생겼습니다. 거의 음식을 제대로 먹지 못하고 씻지를 않으니 심각한 체중감소와 피부질환으로 힘겨워했습니다.

시간이 지날수록 사회적 교류가 어려워지고 힘들어진 H씨를 보다 못한 가족들이 그를 정신병원에 데리고 갔습니다. 다행히 의사와 상담한 결과 H씨는 사회적 단절을 하는 본인의 문제 상황을 잘 인식하고 있고, 그걸 극복하고자 하는 의지도 있는 것으로 진단됐습니다.

상담센터를 다니면서 심리상담사는 H씨가 사람과 세상을 두려워하는 마음이 어린 시절 겪었던 소중한 이들의 죽음에서 비롯된 것이라는 것을 자연스럽게 털어놓도록 분위기를 조성해 주었습니다. 스스로 토로하는 그 과정조차 중요한 마음 치료의 단계였는데 H씨는 그 과정을 잘 견뎌냈습니다.

상담 과정에서 발견된 비합리적이고 왜곡된 신념들—세상 밖은 위험하고 나도 그 속으로 들어가면 그들처럼 사라질 수 있다!—을 많은 대화를 통해서 없애주려고 노력했습니다.

조용하고 온순한 성품의 심리상담사는 우선 H씨의 세계가 안전하다는 것을 증명받는 일이 중요하다고 말했습니다. 이는 가족들의 적극적인 도움뿐만 아니라 본인의 의지가 가장 중요했습니다.

그에게 일상 속 아주 작은 것부터 다시 시작해 볼 것을 제안했습니다. 회사를 다시 다니거나 사교적으로 여러 인간관계를 맺는 것은 당장 가능한 일도 아닐뿐더러 중요하지 않아 보였기 때문입니다.

H씨가 스스로 만든 동굴이 정말이지 안전한 곳이 아니라 오히려 공포를 더 극대화할 수 있는 공간이라는 것을 알려주기 시작했습니다. 동굴 속에서 켜진 촛불 너머 일렁거리는 그림자는 실재보다 더 크게 비치는 법입니다. 고립되고 무지하기에 그 왜곡된 그림자가 더욱 공포심을 주는 법이라고 알려줬습니다.

H씨에게 집 밖에서도 예정된 경로와 안전한 사회적 규칙만 잘 지킨다면 안전하다는 것을 끊임없이 상기시켰습니다. H씨는 과연 어떻게 자신의 동굴에서 벗어날 수 있었을까요?

매일 5~10분씩 동네를 걸어 다녔습니다. 세상에 별일도 없이 지나갈 수 있는 나날들이 쌓여갔습니다.

정말로 고립돼 일하는 게 좋은지, 합리화하고 있는 건 아닌지 돌아보는 와중에 자기 효능감을 올리기 위해서 평소 하고 싶었던 일을 하기로 마음먹었습니다.

그는 어린 시절 손수 빵을 구워서 어린 그에게 먹였던 어머니를 생각하면서 제빵 제과 기술을 가르치는 학원에 다니기 시작했습니다. 같은 것을 배우는 어리고 순수한 학생들과 교류하면서 매일 작은 성취감을 찾을 수 있었습니다.

용기가 솟은 H씨는 위축되지 않고 편하게 느껴지는 모임부터 나가기 시작했습니다. 먼저 소셜네트워크나 메신저로 잦은 교류를 했고, 가족이나 동창들 같은 편한 모임에 나갔습니다. 엔데믹이 오면서 여러 금제가 해제되어 친구와 대중교통을 이용해 여행을 가거나 사람들이 다소 밀집된 쇼핑몰에 가는 등 즐거운 사회적 교류 상황도 만들어 나갔습니다.

H씨는 자신에게 아무런 사고도, 위급상황도 일어나지 않는다는 것을 깨닫기 시작했습니다. H씨가 그토록 두려워했던 것만큼 타인들은 자신 외의 남들에게 관심을 기울이고 그들의 모든 것을 세세하게 평가할 만큼의 관심 자체가 없다는 '건조하지만 명확한 사실'도 깨달을 수 있었습니다.

그저 남들 속에서 비친 못나고 소심한 자신의 모습은 동굴 속 촛불 너머 생긴 일그러진 그림자처럼 과도하게 왜곡된 것이라는 것을 H씨는 자각하기 시작했습니다.

**집 밖은 위험하다고 생각하고 사람 관계도 피곤하고
집에 와야 겨우 안정된다고요?**
· · · · ·
그렇다면 당신은 동굴 증후군에 빠져 있군요!

'동굴 증후군'은 현장에서 이런 현상을 느낀 미국 정신과 전문의 아서 브레그만 교수가 지칭한 용어입니다. 코로나 팬데믹 이후 집 밖으로 나가 타인과 상호작용하는 것을 두려워하고 피하려는 증상을 말합니다.

집을 동굴이라 여기고 동굴 밖으로 나가기 싫은 동굴 증후군으로 많은 사람이 다른 사람들과 상호작용하는 것에 극도로 긴장하고 두려워하고 있습니다. 문제는 두렵다고 해서 사회로 나갈 도전을 하지 않으면서 계속 집에만 있으면 이런 사회적인 교류 자체를 피하는 것이 만성화되어 실제 사회불안증이나 대인기피증 등 병적인 증상으로 진행되는 것입니다.

동굴 밖으로의 '작은 외출'부터 시작해 보는 것이 좋습니다. 온라인에서 오프라인으로, 소모임에서 다중모임으로, 친한 그룹에서 불특정 그룹으로⋯ 이렇게 시작해 보시기 바랍니다.

Let's not do it

❶ 내가 상처받고 아픈데도 남부터 과하게 챙기지 않기로 해요!

❷ 다른 이가 먼저 요청하지 않는 선의는 베풀지 않기로 해요!

❸ 누군가가 나의 인생 속 중요한 선택을 하게끔 만들지 않도록 해요!

❹ 관심과 인정을 받기 위해 내가 아닌 착한 사람은 되지 않기로 해요!

❺ 현재의 아픔을 과거의 추억으로 왜곡하지 않기로 해요!

❻ 가족 간에도 싫은 것을 좋다고 말하지 않기로 해요!

❼ 억울한 일이나 부당한 일을 당하면 참지 않기로 해요!

❽ 다른 사람들과 의미 없는 비교나 경쟁에 에너지 쓰지 않기로 해요!

PART 2

호구력은
어디에서
나올까?

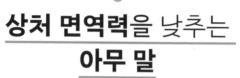

상처 면역력을 낮추는
아무 말

"무사태평하게 보이는 사람들도
마음속 깊은 곳을 두드려 보면
어딘가 슬픈 소리가 난다."

– 책 『나는 고양이로소이다』 중에서 –

가장 가까운 관계일수록 말조심해야 하는 이유

I씨는 출판사에서 책 디자이너로 일하는 서른세 살 여성입니다. 그녀에게는 두 살 위 미모와 몸매가 뛰어나고 어딜 가든 사람들의 눈길을 사로잡는 무용을 전공한 언니가 있습니다.

어릴 때부터 욕심이 많았던 I씨의 언니는 아버지가 외벌이 월급쟁이여서 도저히 시킬 수 없는 피아노나 무용 같은 예술을 배우고 싶어 했고, 재능이 있는 딸을 위해서 아버지는 대출을 받아서라도 결국 큰딸이 배우고 싶어 하는 무용을 전공하도록 지원해 줬습니다.

성취욕이 뛰어난 언니와 다르게 둘째인 I씨는 평범했고, 욕심도 없는 아이였습니다. 상대적으로 부모의 지원을 받지 못한 I씨는 한 번의 대입 입시 실패 이후 재수를 해서 수도권 대학 국문학과에 갔습니다.

졸업 즈음 취업을 위해서 디자인 자격증을 따서 일찌감치 출판사에 취업했습니다. 그녀가 버는 돈 대부분은 집 한 채만 달랑 있고 노후 준비는 전혀 하지 못한 부모님의 생활비와 보험료, I씨 본인의 공과금 등으로 다 나갔습니다.

그런데 집안의 모든 지원을 받았던 언니는 졸업하자마자 유학하고 싶다고 졸라대기 시작했고 그것이 불가능해지자 그나마 가정이 유복한 남자를 만나 결혼하고 말았습니다. 단 한 번의 사회

생활도 하지 않는 채, 소위 말하는 '취집'을 한 것입니다. 그나마 I씨의 언니를 사랑했던 형부는 예물이나 예단도 몰래 해 줄 정도로 부유한 집안의 남자였습니다.

I씨의 언니는 늘 변변찮은 친정보다는 잘사는 시댁을 우선시 여겼습니다. 시댁 쪽 모임에는 꼬박꼬박 모조리 참석하지만, 친정 모임이나 친정 부모님이 필요로 하는 것들은 모두 I씨에게 책임을 떠넘겼습니다. 심지어 I씨에게 과도한 조카사랑을 요구하기도 했죠.

그 와중에 I씨의 고생을 공치사하거나 미안해하는 것도 전혀 없었습니다. 맏이라는 이유로 I씨에 대한 잔소리만 심하게, 쉽게 했습니다. 자신이 이바지하는 것은 전혀 없음에도 불구하고 이래라저래라 간섭하는 I씨의 언니가 I씨는 점점 미웠습니다.

도와주는 것 없이, 가족 사이에서 일어나는 일들은 또 사사건건 다 알기를 원했던 I씨의 언니는 사랑하는 사람이 생겼지만 집안 사정 때문에 결혼을 망설이는 I씨에게 남자친구의 우유부단함과 경제적 무능력을 흉보곤 했습니다.

I씨는 언니의 태도를 장녀로서 집안에 가지는 온당한 관심이라 생각하는 부모님에게서 탈출하기 위해 한시바삐 결혼하고자 마음먹었습니다.

프로포즈를 받고 결혼을 준비하려던 순간, I씨의 아버지가 대장암에 걸려 투병을 시작했습니다. 마침 임신을 한 I씨의 언니는 병구완 일체를 모조리 여동생에게 맡겼습니다.

이런 가족으로 인해 점점 지쳐갔던 I씨는 남자친구에게 이별을 고했습니다. 마음을 터놓을 수 있는 상대가 아니라 불안만 공유하는 관계인 가족들을 자신의 남자친구에게 연대책임 지게 하고 싶지 않았습니다.

서로가 정서적으로 건강하지 못한 상태는 전이가 쉽습니다. 아프니까 분노, 짜증, 거부 등을 쉽게 표출하는 아버지와 늘 박복한 팔자를 탓하는 엄마와 늘 부족하다고 징징거리는 언니 사이에서 무조건 참으려 했던 I씨는 점점 시들어갔습니다.

I씨의 얼굴이 보기에 많이 안 좋았는지 I씨의 언니가 조언을 건넸는데 이게 더 뒷목을 잡을 소리였습니다.

"너도 인생을 즐겨!"
"엄마 아빠가 네 인생 대신 살아줄 것도 아닌데…."

참다 참다 화가 난 I씨가 발끈하자 "뭘 화를 내고 그래? 다 너 잘되라고 하는 말인데…"라며 대수롭지 않게 받아치는 I씨의 언니 때문에 모든 의욕이 사라졌습니다.

늘 양보하며 언제나 밝고 부정적인 감정을 숨기며 거절을 잘 못하거나 실수하지 않은 일에도 먼저 사과했던 I씨는 이제는 사라졌습니다.

I씨에게 어느새 가족은 '아무도 안 볼 때 쓰레기통에 처박고

싶은' 부담스러운 존재가 되었습니다. 타인의 평가에 예민하고 자신의 부정적인 감정을 나쁘다고 생각하는 I씨는 이런 마음 속 자신의 감정이 졸렬하고 악랄하다고 여겼고, 큰 스트레스를 받았습니다.

사실 가족은 누군가에겐 기둥 같은 위로가 되어주는 존재이겠지만 가장 많은 상처를 주는 관계이기도 합니다. 내 약점을 가장 잘 알고 그 부분을 제일 아프게 지적하는 존재들인 경우가 많습니다.

게다가 우리 사회에 가족은 밀착되어 있어야 끈끈한 가족애를 발휘할 수 있다는 고정관념이 많이 있습니다. 지나친 가족주의는 사랑을 넘어서서 자칫 사생활에 개입하기도 합니다. 이기적인 강요를 아무렇지도 않게 할 때도 많습니다.

정서적 거리두기가 안되는 경우가 많은데 이래서는 안 됩니다. 적당히 거리를 둬야 존중을 할 수 있습니다. 가족이라도 서로 모든 것을 다 알고 있어야 하는 것은 아닙니다. 가족 사이라도 각자의 정서적인 영역의 경계를 유지해야 합니다.

----

* 일본 영화감독이자 코미디언 기타노 다케시의 말. 드라마 [나의 아저씨]에서도 인용됐다.

착한 사람 OK, 호구 NO!

일상생활 속에서 '충고' 또는 '조언'이라는 명분 아래 착한 사람들에게 무심코 사용했던 수많은 아무 말들이 그들의 마음속에 상처의 씨앗으로 심어진다는 사실을 알고 있으면 이렇게 함부로 하지 않을 것입니다.

착한 사람들의 자발적인 선택이 아니라 타인의 일방적인 명령과 지시, 훈계로 이뤄지는 일은 엄청난 상처가 될 수 있습니다. 이렇게 상처받은 이들은 이후에 이뤄지는 칭찬과 격려도 순수하게 받아들이지 못합니다. 어떨 때는 칭찬이 그들에게 조롱이나 모욕이 되기도 합니다.

사랑이 거래로 여겨지는 말을 가족 간에도 많이 씁니다. 아무리 가족이라도 마음에 상처를 주는 말, 도를 넘는 말, 심한 욕설, 독기 서린 말 등을 들으면 기분이 상할 수밖에 없습니다. 그런데 문제는 자기가 이런 말을 하는 데에는 다 이유가 있고, 정당하며, 듣는 상대방을 위해서라고 착각하는 사람들이 많다는 것입니다.

하지만 이는 하지 않는 것이 더 좋을, 잘못된 아무 말입니다. 생각 없고, 어쩌면 '악의'가 밑에 깔린 빈말들은 상대에게 비난보다 더 큰 상처를 줄 수 있습니다.

이 세상에는 선하고 좋은 사람들만큼 동수 또는 동수 이상의 악의에 가득 찬 사람들도 있습니다. 착하게 대했더니 호구로 취급하고 화를 내니까 그제야 들어주는 세태 속에서 '착하면 손해'라는 명제는 결코 사라질 수 없습니다.

그런데 왜 사람들은 착한 사람들에게 그렇게 행동하는 것일까요? 그들은 가족이든 아니든 가리지 않습니다. 그들이 못된 사람이기 때문에 그런 것도 있지만 안타깝지만 '착한 사람'에게도 원인이 영 없었던 것도 아닙니다.

아마도 착한 행동을 항상, 누구에게나 하려 했기 때문일 것입니다. 나와 생각이 다른 사람도 있습니다. 모두가 착하지 않습니다. 가족이라도 악한 행동을 할 때가 있습니다.

나의 착한 에너지는 사랑하는 이들에게만 나누어야 합니다. 아무리 가족이라도 나의 착함을 이용하는 사람들이라면 그들을 배제해야 합니다.

물론 착한 마음을 버릴 필요까진 없습니다. 착한 행동은 자신에게 정신적인 안정과 만족감도 높여주는 부분도 있기 때문입니다. 그저 상황에 맞게 착하면 됩니다. 즉, 착한 사람이되 호구는 되지는 말아야 한다는 소리입니다.

가족이라는 이유로 감정 쓰레기통으로 여기고 이런저런 것들을 다 투척하는 동안 고스란히 다 맞을 필요는 없습니다. 그것들을 분리수거해야 합니다.

불필요한 소리와 필요한 소리를 꼼꼼하게 구분해서 불필요한 소리나 간섭을 다시 원주인에게 돌려줘야 합니다. 자신이 버린 쓰레기가 돌아와 품에 안아봐야 자신이 얼마나 지저분하고 무신경한 사람인지를 겨우 알아챌 것입니다. 그런 두꺼운 신경줄을 가진 사람들이니까요. 하지만 자꾸 이런 분리수거가 반복되고 받아볼수록 언젠가는 그들도 깨닫게 되겠죠.

'아, 내가 재활용마저도 불가능한 쓰레기였구나!'

끝까지 창피도 모르는 쓰레기라면 그때는 버리셔도 무방합니다. 가족이라도, 연인이라도….

> **모두에게 주목받는 것을 즐기는 사람들이
> 당신을 괴롭히고 있다면…**
> **그렇다면 그들은 스칼렛 오하라 증후군을 겪고 있는 것일 수 있습니다!**

소설 『바람과 함께 사라지다』의 여주인공 이름을 따서 '스칼렛 오하라 증후군'으로도 불리는 이 증후군을 앓는 사람들 특히 여성들은 마치 남의 관심을 끌기 위해 인생을 사는 것처럼 느껴질 만큼 남에게 주목받는 것을 좋아합니다.

이들은 칭찬과 인기가 무엇보다 중요하며 감성적이고 감정이 풍부할뿐더러 유혹적인 특성을 가졌습니다. 모임에서 함께하면 재미있고 분위기도 밝게 만듭니다. 하지만 스캔들을 잘 일으키는 유형이며, 타인에게서 관심과 인정을 받지 못하면 쉽게 토라지거나 격변하는 성격을 갖고 있습니다.

표면적으로는 사교적이고 자신만만해 보이나 내면에는 분노와 적대감이 가득 차 있으며 애정에 대한 강한 욕구를 지니고 있습니다. 타인에게 지나칠 정도로 애정을 요구하지만 만족할 줄 모르며 특히 남성에게 의지하는 경향이 있습니다.

수동공격적인 양상을 보이는 이들은 자신이 원하는 것을 얻기 위해 요구적이면서도 도발적인 태도를 보입니다. 그런 까닭으로 타인을 멋대로 조정하려는 이들의 행동 때문에 질려버린 상대방이 떠나버리기도 합니다.

보상받지 못해 빠지는 자기혐오

"너부터 행복해라.

제발 희생이란 단어는 집어치우고…."

– 드라마 [너는 나의 봄] 대사 중에서 –

착한 이들은 누군가를 증오해서는 안 되나요?

농협 직원인 서른 살 여성 J씨는 누군가를 깊게 알게 되면 모든 것을 다 수용하고 그 존재를 깊이 더 사랑할 수 있다고 생각했습니다. 하지만 막상 한 인간에 대해 자세히 알면 알수록 그를 사랑하는 마음과 미워하는 마음이 혼재되고, 삐긋하면 잔뜩 꼬인 애증의 관계가 될 수 있다는 것을 알았습니다. 그래서 많이 혼란스럽습니다.

J씨에게는 오랜 시간 고시를 준비하는 남자친구가 있었습니다. 순박하고, 그녀의 헌신을 늘 미안해하는 착한 남자였습니다. 먼저 사회에 진출했던 그녀는 그를 위해 아낌없이 뒷바라지했습니다.

학원비를 비롯해 참고서, 식비, 심지어 모텔비용까지 그녀의 지갑에서 다 나갔습니다. 남자친구의 집안은 시골에서 농사를 짓고 있어서 형편이 좋지 않았기 때문입니다.

J씨는 자신의 희생이 곧 빛을 발하리라 생각했습니다. 그래서 오랜 공부로 지친 남자친구가 고시를 포기하고 대기업 입사를 망설일 때도 그녀는 용기를 북돋워 주고 생활비를 마련해 주었습니다. 사귄 지 3년이 넘자 아주 천천히 남자친구는 변하기 시작했습니다.

늘 투덜댔고, 그녀의 헌신을 당연하게 여겼습니다. 겨우 짬을 내서 만나도 그녀의 얼굴이 아니라 시계나 책을 봤습니다.

고시 공부 5년 만에 드디어 남자친구가 고시에 합격했습니다. 하지만 그때까지도 J씨는 자신에게 드라마에서 흔히 보던 이별이 찾아올 것이라고는 상상도 못 했습니다. 합격 이후 남자친구는 점점 연락을 회피하더니 어느 날, 갑자기 그녀에게 이별을 고했습니다.

그녀는 왜 그녀가 이 이별을 일방적으로 받아들여야 하는지 몰라서 매달렸습니다. 한참 망설이던 그는 그녀의 희생이 너무 지긋지긋하고, 부담스럽다고 말했습니다.

J씨로서는 날벼락 같은 말이었습니다. 나는 한 번도 네게 부담을 준 적이 없다는 J씨의 항변에 남자친구는 냉소적으로 웃었습니다.

"네가 한 번만 다시 해보자고 할 때마다 나는 정말 더는 도전하고 싶지 않았어. 네가 해주는 모든 것들을 받는 내가 유일하게 네게 줄 수 있는 것이 공부밖에 없어서 그냥 그렇게 한 것일 뿐이야. 애당초 회사에 입사하고 그럭저럭 다녔으면 나는 너랑 결혼했을지도 몰라. 그런데 네가 원하는 대로 고시에 합격하고 나니까 나도 좀 티 내고 더 즐기고 싶나 보지. 너 없는 세상 좀 겪어볼게. 그래도 너랑 다시 만나고 싶은 마음이 들면 그때는 너랑 결혼할게."

너무도 이기적인 소리를 당당하게 내뱉는 남자친구가 낯설었습니다. 남자친구의 소식이 점점 뜸하더니 다른 이를 통해 전해 들은 남자친구의 모습은 가관도 아니었습니다.

J씨에게는 그렇게 짠돌이였던 그가 자신의 가족들과 함께 해외여행을 가고 친구들로부터 어리고 예쁜 여자들을 소개받아 종종 만난다는 전언이었습니다. 장기연애였던 만큼 서로 스펙트럼이 겹쳐지는 인간관계 속에서 남자친구의 행적은 고스란히 J씨에게 전달됐습니다.

그 이후부터 J씨는 한없이 마음이 가라앉고 무척 무기력해졌습니다. 모든 일에 무감해졌습니다. J씨는 자신이 하는 그 모든 것들이 다 가치 없게 느껴지기 시작했습니다.

그런데 이상한 일이 일어났습니다.

남자친구를 증오하고 배신감에 치를 떠는 대신 통렬한 자기반성과 자기혐오가 시작됐습니다. 이별의 이유도, 배신의 이유도 모두 J씨 자기 자신에게로 귀결됐습니다.

머릿속으론 '그래 그 인간이 그렇게 살든지 말든지 나도 멋지게 살고 내가 깊이 파고 열심히 하는 영역이 있으면 되는 거지!' 생각하면서도 스스로가 뒤처졌다고 여기게 되니 자존감이 한없이 쪼그라들었습니다.

그녀는 매일 밤 술을 마시며 잠들었고 체중도 엄청나게 불었습니다. 잘 다니던 농협에서 번번이 입금 실수를 하다가 마침내 좀 큰 사고를 쳐서 다른 지점으로 강제 전출까지 당했습니다. 이제는 전출의 이유까지 그녀 탓이 됐습니다.

그녀는 더 이상 자신의 삶에 미련도 별로 없었습니다. 이런 자신이니까 버림받는 것이 당연하다는 왜곡된 결론에 이르렀습니다. 혐오감과 자기 연민이 반복됐습니다.

앨버트 앨리스라는 심리학자는 사람들에게는 다음과 같은 3가지 종류의 비합리적인 신념이 있다고 말했습니다.

- 나는 어떤 상황에서든 주어진 일을 반드시 잘 수행해야만 하고 중요한 타인에게서 인정받아야 한다. 그렇지 않으면 나는 부족하고 사랑받을 수 없는 사람이 된다.
- 사람들은 어떤 상황에서든 나를 반드시 공정하게 그리고 친절히 대해야만 한다. 그렇지 않으면 그들은 몹쓸 인간이다.
- 세상일은 항상 반드시 내가 원하는 대로 되어야 하고 대부분의 즉각적인 만족이 뒤따라야 하며 내가 힘들게 세상을 변화시킬 필요가 없어야 한다.

모든 사람이 인생에서 생기는 중요한 타인에게 다 인정받고 사랑받는 것은 아닙니다. 게다가 그렇게 인정과 사랑을 못 받았다고 해서 내 인생에 파멸이 뒤따르는 것도 절대 아닙니다.

위의 3가지 비합리적인 신념은 사실 현실 속에서라면 도저히 이뤄질 수 없는 것들입니다. 하지만 J씨는 계속해서 들이닥치는 자신의 비극에 빠져서 이런 신념을 합리적이라고 믿기에 이르렀습니다.

자기혐오는 사실 지나친 자기 사랑의 반증일 수 있습니다

모두에게 인정받고 사랑받아야 하고 나를 주변에서 다 공정하고 친절히 대해야 하고 세상은 내가 원하는 대로 되는 그런 장밋빛 세상은 사실 존재하지 않습니다.

그런 것을 웬만한 사람들은 다 압니다. 하지만 지독하게 상처를 받은 사람들은 그런 현실 검증력을 갖고 있지 못합니다.

결국, 자기혐오나 자기 연민에 빠집니다. 자신을 미워하는 마음과 불쌍히 여기는 마음. 서로 닮지 않은 두 감정이지만 사실 자기혐오와 자기 연민 모두 궤를 같이하는 감정입니다.

스스로를 너무 오랜 시간 들여다보고 있으면 인간은 자신을 지나치게 사랑하거나, 지나치게 혐오하게 되는 굴레에 빠집니다. 자신을 애달파하면서도 미워하는 양가감정을 느낍니다.

하지만 자신이 세상에서 제일 불쌍하다고 생각하는 일은 상당히 위험합니다. 피해의식에서 비롯된 자기 연민과 자신을 스스로 부정하거나 분노함으로써 받아들이지 못하는 자기혐오는 이미 자신을 불행하게 만들고 있기 때문입니다.

자기혐오에 빠진 사람은 자신이 가진 모든 것을 불평하거나 자신을 탓합니다. 자칫하면 모든 책임과 원인을 나 자신에게 돌리면서 건강하지 못한 분풀이로 자기를 학대할 수 있습니다.

자기 자신을 죽도록 질책하고 미워하고 혐오합니다. 어디 한군데도 사랑할 만한 구석이 없는 자신을 보면서 절망하고 또 절망합니다. 그 절망은 분노로 이어지게 되는데 그 분노는 계속해서 '타인 살해' 또는 '자기 살해'를 꿈꾸게 만들기도 합니다.

다른 사람이 나를 탓하기 전에 내가 먼저 나를 탓하는 겁니다. 비단 자기만 괴롭히지도 않습니다. 자신을 혐오하는 주위 사람들까지 괴롭힙니다. 자기 혐오감으로 항상 자신을 비난하고 못마땅해하고 수치스러워하지만, 막상 누군가가 자신을 무시하는 태도를 보이면 그를 향해 무서운 분노를 터뜨립니다.

그런데 사랑받지 못하는 것이 꼭 그렇게 비난받거나 우울해야 마땅한 일일까요?

건강한 마음의 상태는 비정상적으로 부풀려진 자기애가 아닌 정확하게 자기 자신을 알고 인정하는 겁니다. 완벽하지 않으며 모든 사람에게 사랑받을 수 없어도 나는 충분히 괜찮다는 사실을 아는 겁니다.

자신을 혐오하는 사람을 어느 타인이 사랑하고 존중해 줄까요? 자신을 지금 있는 그대로 받아들이고 사랑해 줄 때 타인을 향해서도 건강한 사랑을 할 수 있습니다.

다른 사람보다 좀 못하면 어떻습니까? 그렇게 비교하는 기준조차도 온전하고 옳은 것이라고 할 수 있을까요? 부족하고 못난 자신의 한 부분까지 받아들여야 자신의 좋은 면도 비로소 볼 수 있습니다. 나의 좋은 면과 부족한 면을 다 수용하고 통합해야 성장합니다.

부풀려서 보지 말고 정확하게 보고 자신의 슬픔을 슬퍼해 주고 가엾은 부분을 안아주고 괜찮은 부분은 혼자 거하게 '자뻑'도 해보는 것이 좋습니다.

J씨는 남자친구와 헤어지고 오래 머물던 지점에서 떠나 낯선 지점에 가고 나서야 비로소 각성할 수 있었습니다. 새 술은 새 부대에 담자는 마음으로 다시 자기 삶을 찾고자 노력하기 시작했습니다.

고시 공부 뒷바라지를 하는 몇 년 동안 사실 J씨에게는 그녀만의 인생이 없었습니다. 자신의 욕망을 죽인 채, 늘 남자친구 삶의 패턴에 자신을 맞추려고 노력했습니다. 'J씨답게'가 아니라 '고시공부 하는 남자친구의 여자답게'가 다였던 삶!

불확실한 미래의 영광을 위해 현실의 욕망을 죽이는 일은 누구에게나 다 힘든 일이었습니다. 그런 것을 희생이라는 이름으로 몇 년 동안 하면서 J씨는 삶의 다른 욕구들까지 죽여왔던 것입니다.

바로 헬스장에 등록해서 운동을 시작했습니다. 그리고 그 헬스장에서 새로 일하기 시작한 지점의 남성 후배도 만나 새로운 인간관계도 맺었습니다. 호감을 보이는 그에게 연인까지는 아니지만 좋은 친구의 관계를 부여하며 시시때때로 만나 시간을 같이 보냈습니다.

자기혐오의 함정에서 빠져나와 자유롭게 일상을 살면서 J씨는 언젠가는 자신이 왜 사는지 이유를 깨달을 날이 올 거라 낙관하기 시작했습니다.

늘 자신을 보며 답답해하는 예전 남자친구와 달리, 자신을 더 알고 싶어 하는 후배 같은 이성을 만나면서 처음에는 미심쩍어하기도 했습니다. 본인 스스로를 그다지 매력 있는 여성이라고 생각하지 않았던 탓입니다. 그런 불안한 속내를 말하자 남성 후배가 매우 놀라며 도리질을 쳤습니다.

"저한테는 반짝거려요. 그 누구보다도 더욱더요."

그녀는 후배가 말한 자신의 매력을 이제부터라도 알기 위해서 자신을 연구하기로 결정했습니다. 본인 스스로 자신을 연구하지 않으면 다른 이가 연구하고 어떤 식으로든 잘못 이용해 써먹을 것을 생각하니 화가 나기도 하고 조바심이 들기도 했기 때문입니다.

이렇게 생각을 바꾸고 자신을 단련하고 자신의 욕망에 솔직해지자 J씨는 자신을 절망의 나락으로 떨어뜨렸던 과거 그 모든 상황을 덤덤하게 반추할 수 있었습니다.

J씨의 남자친구가 불쑥 나타나 다시 사귀자고 했을 때 J씨는 물끄러미 쳐다보다가 바로 거절할 수 있었습니다. 교묘하게 J씨를 학습하고 그녀를 이용했던 전 남자친구의 진면목을 꿰뚫어볼 용기가 생겼기 때문입니다.

J씨는 '어떻게 나 같은 사람을 네가 거절할 수 있지?' 하는 의

아한 눈길을 보내는 전 남자친구에게 통보했습니다.

"나보다 더 잘하고 좋은 사람 만나기를 바라. 진심이야. 그런데 그거 알아? 그런 여자는 이제 네 인생에서 더는 없을 거야. 확신할 수 있어. 그 여자는 내가 나까지 포기하면서 만들어 낸 존재였으니까."

그리고 J씨는 자기 자신한테도 이렇게 속삭였습니다.

'네가 진심으로 행복했으면 좋겠어. 제발 희생이라는 단어는 집어치우고!'

**자식들의 관심을 받고 싶어 아프지도 않은 질환이나
통증을 꾸며 말한다면**

· · · · · ·

그렇다면 당신은 뮌하우젠 증후군에 빠져 있군요!

뮌하우젠 증후군이란 타인의 사랑과 관심, 동정심을 유발하려고 일부러 아픈 척을 하거나 상황을 과장하고 부풀려서 말하는 정신과 질환입니다.

이 질환에 걸린 사람들은 주로 어린 시절, 부모에게 사랑받지 못한 기억이 있거나 심한 박탈감을 경험한 경우가 많습니다. 부모나 타인으로부터 사랑받으려는 욕구로 인해 이런 과장된 행동을 보이는 것입니다.

증상이 심해지면 자존감이나 정체성에 문제가 생기며 환상을 구분하지 못하고 거짓말까지 하며 타인을 조종하려는 모습을 보입니다. 심지어 극단적인 방법을 사용해 고의로 자해하는 등의 행동을 보이기도 합니다.

대리인에 의한 뮌하우젠 증후군도 있습니다. 자신의 자녀나 주변인이 아무런 병이 없음에도 병이 있다고 하면서 병원과 의사를 찾아가 가짜 증상을 이야기하는 겁니다.

간호 대상에게 특별한 질환이 없음에도 자꾸만 병원에 데리고 가고, 심한 경우에는 자신이 '간호해야 하는 대상'을 실제로 아프게 만들어 극진히 간호하는 모습까지 보입니다.

많이 참을수록
만족도가 낮다

"지쳤어요. 어디서부터 어떻게 잘못된 건지 모르겠는데, 그냥 지쳤어요.

모든 관계가 노동이에요. 눈 뜨고 있는 모든 시간이 노동이에요.

아무 일도 일어나지 않고, 아무도 날 좋아하지 않고.

− 드라마 [나의 해방일지] 대사 중에서 −

고생 끝에 낙이 온다고요?
고생 끝 다음 고생이 도착합니다

주변 사람들에게 착한 사람이라는 말을 듣지만, 그들에게 맞춰주다 보니 정작 하고 싶은 말, 하고 싶은 행동은 하지 못하는 경우가 많습니다. 그러다 보니 사람들과 함께 어울리는 것이 즐겁지 않게 되는 경우가 있습니다.

그럼 어떻게 해야 이런 상황에서 벗어날 수 있을까요?

착한 사람들에게는 고생 끝에 낙이 오기보다는 고생 끝에 또 다른 고생이 오는 경우가 더 많습니다. K씨가 그렇습니다.

K씨의 부모는 서로 사이가 매우 나빴고, 그런 부모들의 갈등에 경제적 위기까지 겹치면서 K씨의 세 자매는 상처받는 경우가 많았습니다. 가족 구성원 모두가 뾰족한 말로 서로를 상처를 입히거나 악다구니를 치면서 다시 상처를 주고받는 악순환이 늘 되풀이됐습니다.

K씨는 그 가족 구성원 중에서 가장 온순한 사람이었습니다. 다른 가족 구성원들은 그런 K씨를 '감정받이'로 많이 이용했습니다. 처음부터 그랬던 것은 아닙니다. 다른 이의 말을 잘 경청해 주는 K씨에게 의존하다가 나중에는 자신들의 문제를 해결해 주지 못하는 그녀를 탓하는 지경에 이른 것이었습니다. 어린 그녀가 뭐 얼마나 할 수 있다고 그랬을까요?

부모들처럼 자매들도 마찬가지였습니다.

그녀의 부모는 사는 것이 힘들 때 자기 연민에 빠지면서 걸핏하면 "내가 너희들을 어떻게 키웠는데?"라는 말을 했습니다. 제대로 된 양육자의 모습을 보여준 바 없는 부모의 그 말은 유독 K씨에게 향하는 경우가 많았습니다. 다른 자매들은 대부분 그런 하소연에 콧방귀를 끼거나 외면했기 때문입니다.

다른 자매들은 부모와 의견차이나 갈등으로 대립하는 일이 잦았습니다. 하지만 기가 약한 K씨는 관계를 소중히 여기고 의사소통으로 풀어가는 자녀였기에, 그녀의 부모는 강도 높은 순종을 K씨에게만 요구했습니다.

내성적인 K씨는 우울감에 쉽게 빠지는 성향으로 변했습니다. 반면, 외향적인 K씨의 언니와 여동생은 분노를 쉽사리 표출하며 폭력성을 보이기도 하고 가출이나 담배, 술에 빠지기도 했습니다.

아버지와의 불화가 있을 때마다 어머니는 끝도 없는 넋두리를 펼쳤습니다. 그것을 듣고 자라난 K씨와 자매들의 마음속에 결혼 생활에 대한 부정적인 감정들이 증폭됐습니다.

그런데 이상하게도 K씨의 언니와 여동생은 모두 가난한 결손 가정에서 자란, 외적이든 내적이든 뭔가 결함이 가득한 남자들과 결혼했습니다. 어떤 면에서는 아버지와 매우 비슷한 남자들이었습니다.

좋은 조건의 남자들과 결혼할 기회가 아예 없었던 것도 아니었습니다. 연애할 때는 능력 있고, 가정환경도 좋은 남자들과 연애했는데, 정작 배우자를 선택할 때는 뭔가 결함이 있는 남자를 선택하는 자매들이 당시 미혼이었던 K씨에겐 도무지 이해불가였습니다.

K씨는 행복한 가정을 꾸리고 싶었습니다. 자신의 부모와도 다르고, 자매들과도 다른 삶을 살고 싶었습니다. 공부도 잘하고 성실한 K씨는 같은 대기업에 다니는 남자와 연애했습니다.

그는 집안 환경도 좋고, 외모도 준수했습니다. 그런데 만나면 만날수록 뭔가 불편했습니다. 집안 이야기를 꺼내면 뭔가 계속 마음이 위축되곤 했습니다. 상대방 가정과 비교되는 가난한 환경, 많이 배우지 못하고 사이가 나쁜 부모님이 내내 마음에 걸렸습니다. 다정하고 인품이 훌륭한 그가 애정을 줄수록 몸에 맞지 않는 옷을 입고 있는 듯 마음이 편하지 않았습니다.

결혼과 관련된 이야기를 하는 도중 삐걱거리기 시작했던 관계는 결국 남자와의 결별로 끝났습니다. 그리고 그 이후 K씨는 다른 남자와 만났습니다. 그는 언니와 여동생의 남편들처럼 외모, 능력, 가정환경이 모두 함량 미달이었습니다. 그러나 낯설지 않고 익숙했습니다. 위축되지도 않았고 편안했습니다.

K씨는 그와 결혼했습니다. 익숙함과 편안함에 이끌려 호감을 느끼게 된 겁니다. 그러나 J씨는 결혼 후 그토록 벗어나고 싶었던 무기력감에 시달려야 했습니다. 경제적으로 무능한 남편과 엄청난 대출금, 일과 아이 양육 사이에서 갈팡질팡하는 힘든

삶…. 남편이, 결혼생활이 증오스러웠습니다.

어린 시절부터 느껴왔던 답답했던 감정과 상황의 반복 속에서 그녀는 하루하루 지쳐 있습니다.

K씨 세 자매가 똑같은 패턴으로 배우자를 선택한 데는 심리적인 원인이 있습니다. 사람들은 배우자를 선택할 때 어린 시절 경험한 가정의 모습을 재현해 줄 사람을 찾는 경향이 강합니다.(다 그런 것은 아닙니다. 반작용으로 아주 다른 성향의 사람을 찾기도 합니다.)

그것이 긍정적이든 부정적이든 상관없습니다. 비록 폭력, 무관심, 갈등, 상처가 존재했더라도 말입니다.

참지도 말고 순응하지도 말고
불행의 패턴을 똑바로 직면해야 합니다

고향에 돌아갔을 때 안정감을 느끼듯이 익숙한 것은 편안함을 줍니다. 심리학에서는 이렇게 사람들이 익숙한 것을 반복하려는 경향을 가리켜 '귀향 증후군(The going home syndrome)'이라고 부릅니다.

사람에게 어린 시절 가정에서의 경험만큼 익숙한 것은 없습니다. 누구나 익숙하고 친숙한 것에 이끌리고 편안해지는 것이 인지상정일 것입니다. 그래서 어린 시절에 불유쾌하고 불행했던 경험일지라도 그때의 가족의 모습을 무의식적으로 재현하려고

드는 경향이 있습니다.

의사 집안에서 자녀들이 의사가 되고 교사 집안에서 자녀들이 교직을 선택하는 것도 무의식적 재현일 수 있습니다. 비슷하게 자랄 때 부모로부터 비난받고 무시당한 사람은 자신을 무시하는 사람을 배우자로 선택할 가능성이 큽니다. 또한, 가정폭력에 시달린 사람은 폭력을 휘두르는 사람을 배우자로 맞게 될 가능성이 큽니다.

왜 그토록 벗어나고 싶었던 환경으로 돌아가게 되는 것일까요? 그렇게 살지 않겠다고 다짐하고 제일 나은 선택을 했는데 왜 결국 같은 삶을 도돌이표처럼 사는 것일까요?

K씨 세 자매도 무의식적으로 자신들의 결함을 공감할 수 있는 사람을 찾고자 했고, 그래서 결국 비슷한 결함을 가진 배우자를 만나게 된 것입니다.

이처럼 성장 내내 무엇을 보았는지, 무엇을 들었는지가 매우 중요합니다. 어린 시절 성장하면서 보고 들은 것들은 우리들의 무의식에 차곡차곡 쌓이기 때문입니다. 그것들이 우리에게 고통과 슬픔을 주기에 막 고통스러워 벗어나려고 애쓰지만 정작 무의식에서는 그 익숙함을 재현하여 펼치려고 하는 경향이 있습니다. 가족이나 다른 사람과의 관계 속에서 발휘되고 있는 건강하지 못한 '귀향 증후군'을 하루빨리 발견하고 신속하게 끊어내야 합니다. 그렇지 못하면 그것은 또 다른 가족들(특히 자녀)에게 대물림

될 가능성이 높습니다.

이는 친구를 선택할 때도 작동합니다. 비난과 갈등, 무관심과 폭력을 보고 들었다면 아이는 비슷한 정서를 가진 친구를 만났을 때 편안함을 느끼게 됩니다. 말을 예쁘게 하고 예의가 바르며 세상의 규칙을 잘 지키려고 하는 친구는 불편하고 아니꼽습니다. 반면 자신과 비슷한 언어와 행동을 하는 아이를 만나면 끌리게 되고 쉽게 친구가 됩니다.

건강한 정서를 가진 친구, 배우자를 만나길 원한다면 먼저 우리 가족의 정서가 건강해야 합니다.

객관적으로 자신과 가족을 바라보고 진단해야 합니다. 지금 우리 원가족 속에서 이어지고 있는 정서는 무엇인지, 어떤 성격인지, 그것이 우리 가족에게 좋은지 나쁜지를 파악해야 합니다. 그 속에서 내가 겪은 고통이 힘들더라도 직시해야 합니다.

그러지 않으면 다시 불행의 패턴을 쉽게 반복하게 됩니다. 어린 시절 가족과의 경험을 통해서 세상에 대한 밑그림을 그리게 되고 그 결과 행복한 삶과 불행한 삶이 나눠진다고 생각하면 정말 부모들은 지금 잘 살아낼 필요가 있다는 것을 새삼 느끼게 될 것입니다.

만약 어린 시절에 이어 성인이 된 지금에도 그 병들고 뒤틀린 가족관계가 내게 영향을 주고 있다면 하나씩 하나씩 끊어내야 합니다. 다음 대의 자녀들을 위해서라도 말입니다.

"세 살 버릇 여든까지 간다."

이 속담만큼 귀향 증후군을 잘 표현한 말도 없습니다.

사람에게도 익숙한 것을 반복하려는 경향이 있습니다. 심리학자들은 어린 시절에 경험한 가족의 모습을 무의식적으로 재현하려는 심리도 '귀향 증후군'의 일종으로 봅니다.

사람에게 어린 시절 가정에서의 경험만큼 익숙한 것은 없습니다. 누구나 익숙하고 친숙한 것에 이끌리고 편안해지는 것이 인지상정입니다. 과거 상처를 준 상대방과 유사한 사람에게 집착하는 경향도 이런 귀향 증후군의 한 유형입니다.

물론 행복한 경험과 올바른 모습을 재현하는 좋은 귀향 증후군도 있겠지만 문제는 그것이 별로 긍정적이지 않다는 것을 알고 있음에도 부정적인 것들을 답습할 때도 있다는 점입니다.

어릴 때 굳어져 익숙해진 나쁜 행동과 성질을 버리지 못하고 살아가는 사람이 다수입니다. 나쁜 버릇을 고친다는 것이 얼마나 어려운 일인지, 사람은 쉽게 변하지 않는다는 의미를 곱씹게 됩니다.

자기 연민은
약도 소용없다

"모든 일이 그래. 항상 네가 먼저야!
네가 아무것도 아니라고 생각하면 아무것도 아니야."

– 드라마 [나의 아저씨] 대사 중에서 –

부정적인 자기 연민의 강력한 불행 재생력

L씨는 객관적으로 누가 봐도 매우 힘든 환경에서 자랐습니다. 어머니가 가출한 이후 홀로 L씨의 양육을 떠맡은 아버지는 그를 심하게 학대했습니다. 그러다가 알코올중독자인 아버지가 겨울 길거리에서 동사한 이후, 그는 천애 고아로 외롭게 자랐습니다.

다행히도 먼 친척 집을 전전한 아이치고 그는 밝고 티 없이 자랐습니다. 물론 어릴 때부터 자기 연민에 빠져 부모를 원망하고 삶이 힘들다고 징징댈 정도로 그의 삶이 한가하지도 않았습니다. 들어줄 사람이 없다는 것을 알면 아무리 어린아이라도 넘어져도 울지 않는 것처럼요.

나름 건강한 정서의 소유자였던 L씨는 부정적 감정에 휩싸이도록 자신을 내버려 두지도 않았습니다.

그는 늘 최선을 다해 살았습니다. 남들도 어려운 성장환경 속에서도 잘 자란 L씨를 칭찬했습니다. 그런데 힘들고 고독했던 지난 삶을 잘 잊고 산 듯 싶었는데 문득문득 떠오를 때가 있었습니다. L씨 인생에서 힘든 일을 겪을 때마다 반복됐습니다.

최종면접까지 간 회사에서 결정적으로 불합격됐을 때, 오랫동안 자신과 함께 미래를 꿈꾸던 자신의 여자친구가 취업하자마자 다른 사람과 결혼을 해버렸을 때, 겨우 들어간 회사에서 결정적인 순간에 다른 사람에게 성취를 양보하거나 빼앗기는 과정을 몇 번 겪었을 때 L씨는 희망을 잃어버렸습니다. 그리고 점차 자신감도 사라졌습니다.

그 암울한 어린 시절도 견디어 냈던 그였기에 현재 삶을 망가 뜨리고 싶지는 않았습니다. 그러나 자신의 감정을 통제하는 게 쉽지 않았습니다.

과거는 완전히 잊고 좋아하는 것들만 하면서 작은 행복감이나 마 느끼고 살고 싶은데 어떻게 할 수 없는 자기 연민에 허우적거 리는 시간이 반복됐습니다. 열심히 살아봤자 이렇게밖에 못하는 데… 라는 억울함과 포기하고 싶은 마음은 자신의 부정적인 자 아상과 더불어 더욱 커져 갔습니다.

'나는 부모 복도 없고 늘 내 뜻대로 할 수 있는 것이 없어. 나 는 무능하고 운이 없어.'

'부모에게도 사랑받지 못한 나를 그 누가 사랑해 주겠어?'

'세상에서 가장 기본적인 뒷배인 부모도 없는 놈을 어느 누가 챙겨줘?'

L씨는 자신의 결핍에 민감했습니다. 그는 자신이 인생을 살아 봤자 돈도 없고 시간도 없기에 많은 것이 결핍된 채로 살 수밖에 없다고 좌절했습니다. 앞으로도 노력해도 늘 결과는 좋지 않을 것이라고 확신했습니다. 사람 관계에 있어서도 설령 또 다른 이 성을 만나 가정을 꾸린다 해도 결국 길거리에서 동사한 아버지

나, 삶이 힘겨워 가족을 떠난 어머니처럼 책임감도 희망도 없이 살다가 죽을 것이라고 단정 지었습니다.

그런 자기 패배적인 믿음은 독버섯처럼 그의 가슴 한가운데에서 확 퍼져 나갔습니다.

관심받고자 하는 욕구가 좌절됐을 때, 이루고자 하던 목표를 이루지 못했을 때 L씨의 자기 연민은 다른 이들의 반응에 과민하게 반응하도록 만들기도 했습니다.

때로는 자신이 잘못된 행동을 했을 때조차도 다른 사람들의 이해를 구했습니다. 그의 논리대로라면 L씨 본인이 너무 불쌍해서 이해를 받아야만 한다는 것이었습니다. 누군가 자신을 비난하면 세상에 대한 불신까지 더욱 강해졌습니다.

자기 연민에는 아무런 약도 소용없습니다.

이미 자신을 불쌍하게 낙인찍고 있는데, 자신에 대한 부정적인 믿음이 온몸을 둘러싸고 있는데 남의 조언이나 위로, 파이팅 구호가 들릴 리가 없었습니다.

이런 자기 제한적 믿음은 어떤 방식으로든 우리를 제한하고 구속합니다. 우리가 단지 그걸 믿는 것만으로도 우리의 생각과 행동과 말은 그 한계에 갇히고 마는 겁니다.

L씨는 어릴 때도 하지 않았던 세상에 대한 불평, 타인에 대한 부정적 평가, 실수나 실패에 대한 과도한 걱정을 달고 삽니다. 그런 그의 곁을 빈약하게나마 지켜왔던 사람들도 어느새 지쳐서 떠나가고 있다는 것을 L씨만 모릅니다.

자기를 연민하는 만큼 자기를 사랑하세요!

사람이 스스로에 가진 부정적인 믿음은 한순간에 변할 수는 없는 법입니다. 그렇다면 관점을 바꿀 필요가 있습니다.

자신이 불쌍하다고 생각한 순간에 일어난 일들을 하나씩 떠올려 보세요!

L씨의 경우, 면접시험에서 탈락했고 오래 만난 여자친구가 떠나갔습니다. 그리고 다른 이에게 성과를 뺏겼습니다. 그런데 그것이 L씨에게 아버지와 어머니가 없었다는 것과 충분히 연결을 지을 수 있는 부분인지 제대로 들여다볼 필요가 있습니다.

자신이 운이 없고 재수가 없는 것과 부모 탓이라는 부정적인 믿음은 전혀 연관성이 없는 논리적 비약이 됩니다. 그렇다면 이제는 자기 연민이 자신의 삶에 어떤 부정적 영향을 미치는지 생각해 볼 필요가 있습니다.

자기 연민을 버리지 않고 계속 가지고 있을 때 L씨는 자신의 감정 상태는 어떠했고, 행동에는 어떤 영향을 미쳤으며, 그래서 어떤 결과들을 가져왔는지 찬찬히 생각해 볼 필요가 있습니다.

면접시험에 최종 통과되지 못했을 때 L씨는 많이 우울했습니다. 자기 연민에 취한 L씨는 다음 취업 시즌의 공채시험 준비를 제대로 하지 않은 채 방황했고 현재 직장에 취업하기까지 2년여라는 시간이 추가로 걸렸습니다.

여자친구가 떠나갔을 때 L씨는 배신감에 몸부림쳤습니다. 자기 연민에 취했던 L씨는 그녀가 떠나간 이유가 단순히 가난하고 형편이 안 좋은 L씨의 사정 때문이 아니라, 많이 갖췄을 때 결혼하자며 자꾸만 미루려는 L씨와 암 투병 중인 어머니에게 안정된 결혼생활을 보여주고 싶다는 효심 사이에서 갈등하다가 그녀가 내린 고육지책이라는 것을 알아챌 수가 없었습니다. 훗날 이런 사정을 알게 됐을 때 그녀에게 많이 미안해했던 L씨였기에 만약 알았다면 다른 식의 해결책을 그녀에게 제시했을지도 모릅니다 (예식이나 예물 관련 비용을 많이 줄이고 대출받아 작은 원룸에서라도 신혼살림을 차리는 등).

선배 직원에게 성과를 빼앗겼을 때 L씨는 분노를 느꼈습니다. 그렇지만 자기 연민을 취해 있고 반항할 엄두는 못냈던 그는 선배에게 항의하고 상사에게 정당한 대가를 요구하는 대신, 사내 게시판에 공정하지 못한 성과분배 시스템을 성토하는 졸렬한 글만 써댔습니다. 그리고 내내 부끄러움과 열패감을 곱씹어댔습니다.

자기를 연민하는 만큼 L씨는 자신을 긍정적으로 사랑하는 법을 배워야만 합니다. 그렇다면 자기 연민이라는 어두운 '동굴'을 잠시 잠깐 머무는 '터널'로 바꾸기 위해서는 어떻게 해야 할까요?

희망을 바라보고 나쁜 과거를 지우기 위해서도 연습이 필요합니다. 그리고 감정을 너무 통제하려고 하면 오히려 역효과가 납니다. 자기 연민의 감정이 들 때는 그냥 인정하고 '그럴 수 있지!'라고 생각하며 가만히 품어주다 보면 그 감정이 아주 서서히 사라지는 것을 느낄 수 있을 것입니다.

자기 연민이란 감정을 품으면서도 소소한 행복을 느낄 수 있습니다. 그 감정을 두려워하지 않을 때 조금씩 좋아집니다. 습관화시켜서 계속 반복하다 보면 기간이 짧아지고 빠지는 깊이도 얕아지고 회복이 빨라지면서 타격감도 최소화됩니다.

L씨 역시 자신의 지금 삶이 자신이 원하는 대로 흘러가지 않고 잘 안 풀리고 불만족스럽다 보니 과거를 끌어다가 그것을 현재가 불만족스러운 근거로 갖다 붙이고 있는 모습이었습니다.

지금 당장 만족감을 줄 수 있는 일들을 찾아보는 것도 좋습니다. 맛있는 것을 먹고 잘 자고 즐거운 영화를 보고, 뽀송뽀송한 이불 위에 몸을 뉘어 보는 것은 어떨까요?

푸른 산과 맑은 공기에 감사하고 지금 곁에 있는 누군가에게 감사하면 기분이 좋아질 것입니다.

자족하는 마음을 자꾸 쌓으면서 현재의 삶에 만족하게 되고 나쁜 과거를 소환하는 횟수도 줄어들게 될 것입니다.

사실 제가 생각하기에 L씨처럼 주어진 성장환경도 물론 중요하지만, 그것들이 영향을 미치는 파장은 사람마다 받기 나름이라고 생각합니다. 같은 환경에서도 성장 후 모습은 확연히 다를 수 있으니까요.

가혹하게 친어머니에게 학대받고 큰 사람 중에서도 상처를 잘 봉합하고 현재의 삶에 만족하면서 일도, 여행도, 연애도, 결혼도 아주 멋지게 실행하고 있는 사람도 많습니다.

내내 옛날 생각만 곱씹고 아무것도 하지 않은 채 시간만 보내다 보면 없던 우울증도 누구에게나 생기는 법입니다. 부정적인 에너지는 자꾸 음습한 내면으로만 뻗치고 집중하는 성격도 분명 있습니다.

차라리 그러면 시간을 정해 놓고 자기 연민에 빠져보는 것도 좋습니다. 잠들기 전 혹은 새벽에 30분씩만요. 그 외 시간에 그런 생각이 들면 밤이나 새벽에 해야지 하고 미룹니다. 그런데 희한하게도 앉아서 '자, 이제 비참해 볼까?' 작정하면 재미도 없고 30분도 채우기 힘든 법입니다.

맨날 그런 생각에 우울하고 괴로워서 이렇게 살아서 뭐 하나 싶은데 작정하고 연민에 빠져 보자 하면 시시해져서 일주일도 채 가지 못합니다.

'내가 세상에서 제일 불쌍해!'

영양가 없는 '자기암시'입니다. 다들 대하소설을 쓸 만큼 각자의 힘든 사연이 있습니다. 유난히 나만 힘들다고 생각하는 것은 편안하고 익숙한 자기 족쇄 같은 것입니다.

아침에 일어나서 감사할 일을 찾아보는 것도 좋고 계절의 변화, 날씨, 아직 건강한 내 몸, 구내식당의 특식 등등 뭐든 한 가지씩 정해 감사기도를 올리십시오!

강력한 그 족쇄가 투명하게 변하다가 아무런 힘도 안 들이고 스르르 풀리는 것을 깨닫게 될 것입니다.

나만 소외되고 뒤처질까 봐 불안하다고요?
. . . . .
그렇다면 당신은 포모 증후군에 빠져 있군요!

포모(FOMO) 증후군은 영어로 'Fear Of Missing Out'의 머리글자에서 따온 말로, 자신만 흐름을 놓치고 있는 것 같은 심각한 두려움 또는 세상의 흐름에 자신만 제외되고 있다는 공포를 나타내는 일종의 고립공포감을 뜻합니다.

몇억 원씩 오르는 아파트 가격을 보고 영끌해 집을 매수하는 현상, 주식이나 코인으로 많은 수익을 냈다는 지인들을 보고 파이어족이 되고 싶다는 마음에 몰빵을 하는 사례 등등이 포모 증후군 때문에 벌어진 일일 수 있습니다.

포모 증후군은 일종의 사회적 불안 증상입니다. 소셜미디어의 부상과 함께 더욱 심화되고 있는 증상으로, 24시간 남의 눈을 신경 쓰는 세상이 되면서 그만큼 다른 사람들이 무엇을 하며 어떻게 지내는지 계속 알고 싶어 하는 예민한 사람들이 많이 생겨났습니다.

소셜미디어에 빠져들수록 자신의 의견을 갖추지 못한 사람들도 더 많아지게 됐고, 이는 유행이라면 무조건 추종하는 것으로 이어질 수 있게 됐습니다.

해묵은 상처를
마주하는 용기

"계속 이렇게 피하기만 할래?
엎질러진 물 주워 담지 못할 거면
'물 흘려서 죄송합니다' 사과라도 해.
찝찝하게 뭉개고 있지 말고."

– 드라마 [갯마을 차차차] 대사 중에서 –

상처를 드러내고 꾸덕꾸덕 말려야 빨리 아뭅니다

"사람의 마음속엔 착한 늑대와 나쁜 늑대가 산다.
두 마리 늑대는 늘 싸운다.
어느 쪽이 이길까? 그야 두말할 필요 없이
내가 먹이를 주는 쪽이다."

인디언 속담이 있습니다.

인간에겐 누구나 해묵은 외로움과 해소되지 않은 개인의 상처들이 있습니다. 그것들은 우울, 슬픔, 시기, 질투, 분노, 열등감 등 부정적인 감정을 유발하기도 합니다. 물론 이것 말고도 한 개인의 마음속에는 쾌활, 기쁨, 배려, 연대감, 희망, 자신감 등 긍정적인 감정도 있습니다.

그런데 원래 인간은 부정적인 감정에 잠식될 때 확연히 티가 나고 삶에서의 영향과 진폭도 큰 법입니다. 나쁜 늑대에게 먹이를 주는 사람은 결국 '나'이지만 그런 부정적인 감정을 키우지 않으려면 내면이 더 단단하고 강해져야 하는데 쉽지 않습니다.

결국 이런 부정적인 감정의 원천인 내 상처와 마주하는 것이 필요합니다.

물론 이 상처는 덮고 지나가도 무방합니다. 과거의 상처라도 더는 현재의 나를 괴롭히지 않는 것처럼 보일 때도 있습니다.

하루가 가고 한 달이 가고 계절이 지나가는 동안, 우리의 일상은 별 생각이나 느낌 없이 익숙해진 채 반복됩니다. 일상에서 일어나는 사소한 상처와 그로 인한 감정은 느끼지 못하게 적당히 마비시킨 채 시간은 무심히 흐를 수도 있습니다.

그래서 죄책감과 수치심에 시달리는 사람, 풀어내지 못한 분노를 품고 있는 사람, 자신을 사랑할 줄 몰랐던 사람들도 그냥 잘 살아갈지도 모릅니다.

그런데 의외로 아주 소소한 외로움과 상처를 갖고서도 어떤 이는 엄청난 괴로움에 몸부림칠지도 모릅니다.

저의 부모님은 경상북도 청송의 관광지에서 삼계탕 식당을 하시느라 늘 바빴습니다. 두 살 터울의 오빠는 초등학교 5학년 때 더 나은 교육환경을 위해 대구에 사는 고모네로 거처를 옮겼고 연년생인 여동생과 저만 집에 남았습니다.

내성적이었던 저는 마음을 터놓을 친구도 없었습니다. 그래서 늘 외로웠습니다. 숙기가 없고 예민한 저는 대학생 삼촌이 집에 남겨놓고 간 손때가 묻은 책들을 읽어댔습니다. 『사상계』도 막심 고리키의 『어머니』도 읽었고 통속적인 『왕비열전』이나 월탄 박종화가 번역한 『삼국지』도 닳도록 읽었습니다. 언어에 민감한 소녀로 자란 저는 항상 미지의 세계를 꿈꾸면서 이 작은 소읍에서 탈출하기를 바랐습니다.

그 와중에 그 시대 많은 부모들이 그랬듯 불화가 심해서 신체적, 언어적 폭력을 쓰면서 싸우기도 했습니다. 고부갈등이 심한데다가 일찌감치 척추 수술로 신체에 장애를 갖게 된 어머니는 특히 내면이 늘 우울한 여성이었습니다. 그녀의 삶은 빈말로도 행복해 보이지 않았습니다. 40대부터 거동이 자유롭지 못해서 바깥출입도 힘든 사람이었으니 얼마나 삶이 고통스러웠을까요?

어머니와 정서적으로 가장 가까운 존재는 흔히 딸입니다. 그 딸 중에서도 첫째였던 저는 어머니의 우울한 정서에 쉽게 동화되어 어릴 때부터 숫기 없고 우울한 아이로 자랐습니다.

저는 초등학교에 입학할 때까지 제 여동생의 이름이 '은아'라는 것도 알지 못했습니다. 제게 그 아이의 이름은 '아가'였고, 동생은 제가 지켜줘야 할 연약한 대상이었습니다.

내성적이고 우울감 짙은 소녀였던 저는 고등학교 입시 시절을 거치면서 더 외로워졌습니다. 대학교 취업, 결혼을 거치면서 나름대로 사회화가 되고 내성적인 성격에서도 많이 탈피할 수 있었습니다.

하지만 30대 후반에 어느 날 갑자기 사회공포증과 폐소공포증이 한꺼번에 들이닥쳤습니다. 원래 숫기 없는 성격이지만 다른 사람들 앞에서 발표하는 것에 대해 숨도 못 쉴 정도로 극강의 공포감을 맛봐야 했고, 불 꺼진 방이나 안내 부스 또는 극장같이 밀폐된 장소에서는 호흡곤란이 일어났습니다.

저는 괜찮다고 되뇌었지만 사실 그다지 좋지 않다는 것을 알았습니다. 예민한 기질적인 이유와 더불어 당시 삶의 발달단계에서 겪었던 여러 일상 문제들(아파트 대출 문제, 친정어머니의 유방암 발병, 첫

각색작인 영화 [귀향]의 배급 문제 등)이 초래한 심리적인 괴로움이 당시의 저를 아프게 했던 것입니다.

당시 마음이 아팠던 저는 집안 살림과 아이들에게도 전혀 신경을 쓰지 못했습니다. 옷차림이나 화장 같은 외양에도 관심을 줄 수 없었습니다. 살도 급격히 쪘고, 집에 돌아오면 침대와 한 몸이 돼 그냥 자지 않은 채 가수면 상태로 누워 있었습니다.

심리적 문제를 가진 여성은 좋은 엄마가 되지도 못합니다. 남편에게도 사랑을 주지도 받지도 못하는, 차갑고 날카로운 내면을 키우게 됩니다.

어린 시절부터 저를 괴롭히던 외로움이 갑자기 엄습했고, 새벽 아파트 베란다에 나가서 어둑한 1층 풍경을 바라보게 했습니다. 간간이 닥치는 호흡곤란으로 꺽꺽거릴 때면 차라리 다 끝나면 훨씬 좋지 않을까, 하는 선택의 기로에 몇백 번 놓였습니다.

이처럼 수십 년 묵은 감정상의 문제들은 이성을 마비시켜 자신의 심리 상태를 더욱 모르게 만들기 때문에 매우 위험합니다.

자신이 아프다는 것을 알아야 낫습니다

자신이 아프다는 것을 알아야 낫고자 하는 마음도 생깁니다.

저는 바로 병원에 갔습니다. 살고 싶었습니다. 어릴 때부터 키워 온 예민함, 공포증, 외로움 등등이 제 마음을 아프게 하고 있다는 것을 깨달았습니다. 상담이든 약이든 치료가 성공하기를 간절히 바라면서 적극적으로 임했습니다.

그런데… 허무하게도 신기하게도 그저 시간이 가면서 낫더란 말입니다. 약도 상담도 아닌, 바로 제 내면이 변하기 시작하면서부터 조금 덜 아프기 시작했습니다.

저와 매우 친한 사람들이라면 제가 자주 쓰는 관용어를 잘 알 것입니다.

"에잇, 말아라!"

에잇, 이게 뭐야? 하실 수 있겠지만 제게 있어서 저를 낫게 한 마법의 말입니다.

이 말은 그저 '포기'의 말이 아닙니다. '어쩔 수 없는 것은 자연스럽게 흘러가게 놔두자! 대신 내가 할 수 있는 것만 최선을 다하자!'라는 의미가 담긴 소중한 각성입니다.

감정에 서툴고, 다른 사람과의 관계를 어려워하고, 낮은 자존감을 가진 사람들은 자신을 쉽게 아프게 합니다. 왜냐하면, 다른 사람보다는 자신을 향해 비난하고 욕하기가 훨씬 쉽기 때문입니다.

당시 저는 육아를 담당하는 친정 부모님과 미묘한 불화가 있었고 직장이든 육아든 완벽하지 못한 제게 스스로 실망감이 큰 상태였습니다. 성공한 워킹맘을 은연중 그렸는지 모를 일입니다. 서른 두 살이라는 이른 나이에 마련한 광명시 첫 집에 한 달마다 들어가는 대출 원리금 150만 원씩 갚기 위해서 부지런히 공모전에 낼 글을 썼습니다. 그래서 늘 잠이 부족했습니다. 격일로 밤샘을 하는 것은 다반사였습니다.

친오빠가 연출하고 제가 각색을 처음으로 맡은 위안부 피해 할머니의 이야기를 다룬 영화 [귀향]이 한일관계라든지 소재의 민감성 때문에 극장 개봉이 쉽지 않은 상황에도 엄청난 스트레스를 받았습니다. 그리고 어머니의 유방암 발병과 투병생활도 소중한 이가 떠날 수 있다는 공포와 더불어 치료비 같은 현실적인 고민을 불러일으켰습니다.

대부분 사람의 마음속 상처는 폭력과 폭언을 일삼거나 성적으로 학대해야만 생기는 것이 아닙니다.

부모가 무심코 한 행동, 내뱉은 말에도 상처받고 오랫동안 힘들어할 수 있습니다. 무관심한 부모, 칭찬과 인정에 인색한 부모, 작은 실수에도 크게 혼을 내는 부모, 다그치거나 감정을 받아주지 않는 부모 아래에서 자란 사람들의 내면 속 아이는 다 크더라도 여전히 그 시간 그 자리에 머물게 됩니다.

이들은 대부분 자존감이 낮아 늘 위축되어 있고, 두려움이 많으며, 사람을 믿지 못하고, 감정을 느끼거나 표현하는 데 서툽니다. 또 타인의 눈치를 많이 보기 때문에 인간관계에서 어려움을 겪기도 합니다.

그런데 이 상처가 언제 돌출될까요? 인간이 외롭고 힘들고 가장 연약해질 때, 이 상처는 오래된 화상 자국처럼 간질간질하거나 쓰라린 느낌을 주기 시작합니다.

아이들 양육 때문에 3년 동안 같은 집에서 살던 어머니는 유방암 치료 이후 예민해져 있었습니다.

어느 날, 식사를 하면서 형제들에 대한 이야기를 하다가 제가 불만을 토로했습니다. 정서적으로든 금전적으로든 큰딸인 제가 가장 많이 하고 있다는 우월감에 가득 찬 푸념을… 그런데 가장 수긍하고 격려해줄 줄 알았던 친정어머니가 반론을 폈습니다.

"도대체 네가 했다면 뭐 얼마나 했다고 그래? 다른 형제들도 너만큼 했고, 그리고 그냥 너희 부부만 했니? 다 우리가 아이들 키워주고 하니까 가능한 것 아니야?"

화가 났습니다. 저는 아픈 친정어머니와의 말다툼 이후 이틀 후에 공황장애가 왔습니다.

'당신을 위해 내가 한 것들을 왜 알아주지 않는 것일까?'
'현재의 나도, 어린 나도 당신 때문에 얼마나 힘들고 외로웠는데?'

우리의 일상을 뒤흔드는 상처의 모습은 평소에는 겉면이 굳어 있어서 잘 모를 수 있는데 어느 순간 견디기 힘들어 피가 나도록 긁다 보면 압니다. 그 상처 안에 썩은 내를 풍기는 진액과 엉겨버린 피가 갇혀 있다는 사실을 말입니다.

"나는 괜찮아!" 하는 사람들이 사실은 괜찮지 않을 수도 있습니다. 외로움을 느끼지 못한다는 사람들이 실은 더욱 외로운 겁니다. 외로움과 슬픔이 내면을 가득 채워도 느끼지 못하며 사는 동안 마음의 병은 커집니다.

사람들은 누구에게도 외로움이나 힘겨움이 있습니다. 그리고 나름대로 그것들을 견디는 방법을 터득합니다. 어떤 사람들은 재미있는 책을 읽고 영화를 보고, 어떤 사람들은 보디 프로필을 찍기 위해서 운동을 합니다. 아니면 자신과는 다르게 쾌활한 타인을 만나 감정적인 교감을 나누면서 치유를 받기도 합니다. 그래서 잊어버립니다. 나는 이제 상처에 익숙해지다 못해 다 떨쳐 버린 것만 같습니다.

그런데 살 만하다고 느껴질 때, 익숙해진 상태… 이럴 때가 어쩌면 폭풍전야일 수도 있습니다. 아픔과 외로움에 무뎌진 상태이기에 갑자기 닥쳐온 아픔과 외로움은 이전과는 완전히 다른 강력한 것으로 닥쳐옵니다. 그래서 자포자기를 할 수도 있습니다. 해소되지 않은 채 굳은 상처들이 아주 사소한 계기로 부활하고 시뻘겋게 벌어질 수 있다는 것을 간과해서는 안 됩니다.

상처를 뿌리 깊이 치료할 사람은 바로 '나'입니다

심리학자 윌리엄 글래서는 인간이 외부의 힘으로 결정된다는 결정론적 관점이 아니라 궁극적으로 자기 결정적인 힘이 있는 자율적이고 책임감이 있는 존재로 보았습니다.

모든 것이 인간이 선택한 것이라는 관점입니다. 생의 초기에 습득하지 못한 결핍도 나중에 그것을 습득하기 위한 선택을 할 수 있고, 결핍을 보충하기 위해서 뭔가를 배운다든지 산다든지 등등 본인의 행동 양식을 변화시킬 수 있습니다. 이 이론에 따르면 정신적 고통이나 행복도 어쩌면 자신의 선택이었는지도 모릅니다.

그렇다면 상처를 치료하려면 우리는 과연 어떤 선택을 해야 할까요?

첫 번째는 어릴 때의 상처를 치유하지 못한 채 우리가 자랐다는 것을 깨닫는 일입니다. 상처받았다는 사실은 시간이 지나며 흐릿해지지만, 상처는 무의식 깊은 곳에 남기 때문입니다.

두 번째는 과거의 상처를 털어놓아도 안전한 사람과 함께 진짜 나를 찾아보는 겁니다. 마음 깊은 곳에 묻어둔 마음의 상처를 인식하는 방법은 안전하고 믿을 수 있는 사람들에게 자신의 이야기를 털어놓는 일입니다.

자신이 겪은 일, 감정 등을 이야기하며 상처를 바로 인식하는 것이 치유의 첫걸음입니다. 이 과정을 통해 억눌려 있던 내면, 자신의 마음을 직면할 수 있습니다.

세 번째는 그동안 억눌렀거나 무시했던 자신의 욕구를 파악하고 알아주는 것입니다. 인정과 관심을 받고 싶은 욕구, 지지받고 싶은 욕구, 신뢰하고 신뢰받고 싶은 욕구를 잘 파악합니다.

네 번째는 사랑받고 싶었지만 그렇지 못해 상처받고 외로웠던 마음을 위로하고, 수치스럽고 분노했던 감정을 오롯이 느껴보는 것입니다. 그리고 마음껏 슬퍼하고 화내고 우는 것입니다. 과거에 받은 상처와 현재 겪는 아픔을 무시하지 않고 슬퍼하고 안아주는 것을 두려워하지 않아야 합니다. 그래야만 우리를 괴롭히는 수많은 문제에서 벗어날 수 있습니다.

그렇게 해도 해묵은 상처를 미처 다 치유 못할 수도 있습니다. 지나치게 과거에 얽매이고 과거의 상처에 발목이 잡혀 왜곡된 기억과 감정을 깊숙이 품고 있어서 계속 반복하는 사람들도 있습니다.

하지만 과거의 나를 연민하고 그래서 그 영향으로 지금 현실의 내가 힘들 거라고 왜곡하는 것은 현실을 살아가는 데에는 도움이 안 됩니다.

자신이 무엇을 원하는지를 알아채고 따라가기를 바랍니다. 구체적으로 알아야만 실제로 행동할 가능성도 커집니다. 과거가 해소되고 지금 바라는 것이 현실에서 충만해지면 비로소 우리는 행복해질 수 있을 것입니다.

스스로 일을 해내는 것이 서툴고
뭔가 책임을 지는 것이 부담스럽다고요?
그렇다면 당신은 피터팬 증후군에 빠져 있군요!

동화 속 피터팬은 어른 사회로부터 공상의 섬으로 떠나, 이 꿈나라에서 모험하는 영원한 소년입니다.

피터팬 증후군은 성년이 되어도 어른들의 사회에 적응할 수 없는 '어른 아이' 같은 성인이 나타내는 심리 상태를 말합니다. 연령적으로는 다 컸지만, 언제까지나 어린이로 있고 싶어서 자신의 일을 스스로 할 능력이 모자라 책임 있는 행동을 싫어합니다.

남자다움에 구애받으면서도 여성에게는 항상 모성의 역할을 원하며 자신의 완전함을 필요 이상으로 추구하고, 이를 현실적으로 달성할 수 없어서 자기만의 세계로 도망쳐 자기만족에 빠집니다.

마음속이 언제나 불안으로 가득 차 있습니다. 스스로 뭔가를 하려는 것 자체를 싫어하기에 타인에게 의존하는 성향이 있는데 이것을 무책임하다고 비난하면 자기는 본래 게으름뱅이라든가 틀려먹은 인간이라고 자책하기도 합니다. 이렇듯 남의 비판이나 따돌림을 받는 것을 매우 두려워하기도 합니다. 하지만 자의로 변하려고도 하지 않습니다.

뿌리 깊은 열등감에서
싹튼 불안감

"네가 잃은 것에 집착해
네가 가진 것을 잊고 살지 말아라."

– 드라마 [초면에 사랑합니다] 대사 중에서 –

열등감은 인생 미해결과제에서 비롯됩니다

키가 163센티미터인 M씨는 자신의 작은 키에 큰 열등감을 느끼는 남성입니다.

오히려 이런 열등감을 극복하기 위해 어릴 때부터 태권도에 합기도, 유도까지 다양한 운동을 섭렵했습니다. M씨는 일부러 말투도 고압적으로 썼고, 과하게 허세를 부리는 경향을 갖고 있었습니다.

반대로 키가 180인 N씨는 외모도 훤칠하고 공부도 잘했습니다.

하지만 그런 그에게도 남모를 열등감이 있었습니다. 그는 성격이 온순하고 기질이 약해서 초등학교 때부터 같이 다녔던 M씨의 괴롭힘을 견뎌내고 있었습니다.

작고 깡마른 M씨가 뭔가를 시키면 키도 크고 몸도 다부진 N씨가 그대로 따르는 부조화스러운 모습을 보고 친구들은 늘상 이해할 수 없어 했습니다.

동급생인 A와 B 두 여중생이 있습니다.

A학생의 집안은 아버지의 사업이 망해서 가난하게 살고 있고, B학생은 대기업에 다니는 아버지와 공무원인 어머니가 맞벌이하는 집안이라 다소 넉넉한 형편이었습니다. 늘 집안 형편이 좋은 B학생은 생활이 어려운 A학생에게 유명 브랜드는 아니지만 옷도 사주고 편의점 도시락도 사주고는 했습니다.

하지만 어느 날, 같은 반 다른 친구들이 A학생이 다른 친구들에게 절친인 B학생의 흉을 보고 다닌다는 사실을 B학생에게 전했습니다. 험담은 B학생에 관한 것뿐만 아니라 최근 치아교정을 시작한 B학생의 언니나 해외여행을 다닌 부모님까지 "돈지랄한다."라고 험담했다는 사실을 알고 B학생은 큰 충격에 빠졌습니다.

평소 B학생이 우쭐거리거나 교만하게 굴지도 않았는데 말입니다. 가난한 A학생은 열등감에 휩싸여 자신에게 도움을 주는 친구와 친구의 가족을 모욕한 것이었습니다.

열등감을 주는 요인은 다양합니다. 경제적인 부, 신체적인 매력, 자신의 성격 등등.

열등감 콤플렉스는 자신의 원형과 밀접한 관련이 있습니다. 생애발달 단계에서 해소되지 못한 자신의 미해결 과제와 연결된 경우가 많습니다.

만약 신체 기관이 열등하다면 심리적으로 우월해질 수 있는 무언가를 발달시킵니다. 심리적 강함은 신체적 열등함을 상쇄시키고 생존에 필요한 이점이 될 만한 것들을 갖다줍니다.

세상 앞에서 자신이 불충분한 존재라고 느끼는 감정은 '근원적인 불안과 아픔'입니다. 그런 감정은 어떤 과제가 완수되지 않거나 욕구가 채워지지 않거나 긴장이 해소되지 않는 동안 내내 지속될 것입니다.

열등감이 있으면 외부 세계와 쉽사리 타협하지도 않고 몸이라도 편하게 쉬도록 내버려두지도 않습니다. 열등감은 인간들로 하여금 '개척정신'과 '호기심'을 자극합니다. 열등감에 맞서는 노력은 인간의 육체와 정신의 성장을 자극합니다.

작은 체구와 약한 기질, 스스로 성취하면서 만족감을 느낄 기회의 결여나 박탈, 온갖 형태의 무시와 편견 등은 인간이 힘을 발달시키게 하는 자극이 됩니다. 불충분한 존재이기에 오히려 아주 새롭고 독창적인 삶을 창조하기 위해 동분서주합니다.

자신의 약점이 강점을 불러오기도 합니다

열등감과 우월감은 반대의 개념일까요? 아닙니다. 대상이 누구인가에 따라서 기준을 어디에 두었느냐에 따라서, 그리고 내면에 자리 잡은 생각에 따라서 이리저리 오갈 수 있는 공존의 개념입니다.

"열등감과 우월감은 동전의 양면과 같다."

심리학자 알프레드 아들러의 말입니다.

혼자 살지 못하는 세상, 타인과 더불어 공존하는 세상 속에서 누구나 열등감을 갖고 있습니다. 신체적인 열등감도 있지만, 심리적인 열등감도 있습니다. 그리고 그 열등감을 극복하려고 노력하기도 합니다. 하지만 그것이 쉽지 않다면 자신이 우월해질 수 있는 부분을 찾아 더 집중적으로 발달시켜 보상받으려고 노력합니다.

운동에 젬병인 사람이 다른 특기를 살리려고 하거나 신체적 약점이 많은 남자가 강한 성격을 가진 마초가 되든지 말입니다.

저는 남들 앞에서 말하는 재주가 없습니다. 소그룹 속에서는 말을 잘하는 편이지만 다수의 관중 앞에서는 말을 못합니다. 계기는 있습니다. 중학교 시절 전교생 앞에서 발표할 때 머릿속이 하얗게 백지상태가 된 저는 석상처럼 굳어졌고, 선생님의 손에 이끌려 단상 아래로 내려오게 된 이후로 트라우마가 생겼기 때문입니다. 열등감을 자극하고 상기시키는 '말'로 말하는 것보다는 주로 '글'로 말하는 것을 선택했습니다.

기질이 약한 사람들도 그 나름의 생존법이 있습니다.

어릴 때부터 전 내성적이고, 조그마한 일에도 벌벌 놀라는 성격이었습니다. 제 사주를 어디에서 보고 온 어머니는 제게 '겁살'이 많다고 했습니다.

겁이 많은 사주는 힘이 약하고 좋지 못한 일로 기가 죽어 있을 때 특히 운이 나쁘게 작용합니다.

남들에게 잘 휘둘리고 놀림거리가 되거나 자기 뜻을 강하게 피력하는 것을 힘들어하는 사주라 자신이 크게 노력하는 것에 비해 작은 성과가 돌아올 것이라 했습니다. 대인관계에 대한 고민이나 회피로 혼자가 편해 고립되는 성향이 있다고도 했습니다.

물론 이런 미신을 다 믿지는 않았습니다. 문제는 열등감 그 자체가 아니라 열등감을 대하는 태도일 것입니다.

우리는 열등감을 직면해야 합니다. 열등감을 인식해야 우월감을 추구할 수 있습니다. 열등감과 우월감은 정상적인 감정이고 상호보완적인 감정입니다. 저는 말로 폭격은 못하지만 글로는 뼈를 때릴 신공은 갖추게 됐습니다.

열등감을 잘만 다룬다면 우리 인생에 다시 없을 활력을 주는 원동력이 될 수도 있습니다.

태어나 살아가면서 켜켜이 쌓인 열등감의 칼날이 자신을 해치고 상처를 내도록 놔두지 마세요!

변화의 욕망을 불 지피는 장작으로, 새로운 상상력을 써나가는 펜으로, 희망을 말하는 노래가 되도록 만들어야 합니다. 인간은 자신의 약점을 어떤 식으로든 극복하는 방법을 찾는 존재입니다. 살다 보면 각자에게 맞는 우월성 목표를 만나고 선택할 날이 반드시 옵니다.

몇 번의 연애에서의 실패 경험으로
점점 외모에 대한 집착이 강해진 남성이라면
· · · · · · ·
그렇다면 당신은 아도니스 증후군에 빠져 있군요!

아도니스 증후군이란 남성의 외모 집착증을 의미합니다. 이 증후군이 심해지면 강박증과 우울증, 심한 경우 섭식장애와 데이트 기피 증상을 앓을 수 있습니다.

외모지상주의가 낳은 폐해인 이 증후군은 여성뿐만 아니라 남성들도 보이는 모습에 신경을 쓰고 집착하는 사회 풍조 속에서 더욱 만연해집니다.

이들은 젊고 건강해 보이는 외모를 위해 근육질 몸매, 혹은 모델처럼 마른 몸매에 집착하기도 하며, 심지어 성형중독에 시달리기도 하고 자기보다 잘생긴 사람을 질투하기도 합니다. 왜곡되면 자신을 추하게 여기기도 합니다.

아도니스 증후군에 걸린 사람은 외모를 치장하면 마치 자신의 가치가 높아진 것 같은 착각을 갖기도 합니다. 그러나 실제로 아도니스 증후군을 앓는 남자들은 대부분 자존감이 낮고 자기비하적인 경우가 많습니다.

연약한 **속살**을
까발리는 사람들

"사람들은 다 연약한 속살을 숨기고 산다.
근데 어떤 속은 너무 보여서 탈이고
어떤 속은 너무 알 수 없어서 죽겠다."

– 드라마 [동백꽃 필 무렵] 대사 중에서 –

종종 선하고 착한 탈을 쓴 가스라이팅 가해자

어릴 때 아버지 사업 실패로 집안 형편이 좋지 못했던 O씨.

청소년기 시절 가정환경이 드러나는 것이 싫어서 바우처 카드로 편의점에서 사 먹는 행동도 섣불리 하지 않을 정도로 내성적이고 예민한 성격이었습니다. 그래도 가난은 숨길 수 없었던지 급우들이 기가 막히게 그 사실을 알고서 수군댈 때마다 수치스러워하곤 했습니다.

대학생이 돼도 몇 벌 안 되는 좋은 옷 몇 개로 잘 코디해서 돌려막을 정도로 자신의 단점이나 결핍이 드러나는 것을 극도로 회피했습니다. 자신의 가정형편을 아는 친구들과는 관계를 끊을 만큼 철저했습니다.

사회에 나와서도 자신의 부족한 부분이나 연약한 부분을 될 수 있으면 감추려고 노력했습니다. 늘 주눅 들게 하는 가난한 부모와 자신의 열등감 깊은 성격이 싫어서 오히려 사람들에게 더 호탕하게 밥을 샀습니다. 자신이 가진 최고의 옷들을 교묘하게 갖춰 입고 명품을 대여해서 하고 다니면서 사람들에게 기만 아닌 기만을 했습니다.

그러다가 직장 사내 커플이 되었습니다. 하지만 그녀의 외양이나 능력을 보고 좋은 배경의 여자라고 생각했는데 그녀가 사실은 그렇지 못한 집안의 여자라는 것을 알게 된 남자친구는 처음에는 이해심 가득한 얼굴로 그녀의 노력을 위로해 줬습니다.

그런데 시간이 흐를수록 상황이 변했습니다. 그는 어느 순간부터 그녀를 깔보기 시작했고, 교묘하게 일거수일투족을 조종하기 시작했습니다.

나쁜 남자라는 사실을 알게 된 후 바로 헤어질 수도 있었지만, O씨는 자신의 치부를 알고서도 계속 만나주는 남자친구와 헤어질 수 없었습니다. 자신의 이중적인 생활이 너무 힘든 까닭도 있었습니다. 모든 것을 이해한다는 그와 제대로 사랑을 하고, 완벽한 가정을 갖고 싶었습니다.

물론 그런 이유 때문만은 아니었습니다.

인간은 자신의 부족한 부분이나 연약한 부분을 드러내는 것을 극도로 두려워합니다. 연약하면 물어뜯기는 것을 본능적으로 아는 대다수 동물이 그렇듯이 말입니다. 남자친구가 O씨 자신의 진실을, 진면목을 사람들에게 얘기할까 봐 두려웠던 탓도 있었습니다.

그런데 사람 중에서도 그런 남의 연한 속살을 물어뜯어 기어코 드러내게 하여 관계의 우위를 점하려고 하는 사람들이 있습니다. 개중에는 마치 그들의 연약함을 보호해 주는 듯한 지위에서 시작해 결국 상처를 주는 사람들이 있습니다.

그처럼 연약한 사람들을 기가 막히게 알아채고 그들의 약한 틈을 파고들어 교묘하게 그들을 조련하는 그들은 과연 누구일까요? 일명 '가스라이팅'을 하는 사람들이 바로 그들입니다.

'연인'이라 쓰고 '가스라이터'라 읽습니다.

가스라이팅의 우리말 순화어는 '심리지배'입니다. 가스라이팅은 타인의 심리나 상황을 교묘하게 조작해 판단력을 잃게 만들고, 타인에 대한 통제력이나 지배력을 강화하는 행위입니다.

가스라이팅은 행위자가 명백히 드러나는 폭력, 폭언과는 다르게 세 치 혀로 교묘히 타인을 지배합니다.

또 지배당한 사람을 이용하여 또 다른 타깃(target) 피해자를 공격하도록 만들기도 합니다. 행위자 입장에서는 훨씬 쉬우며 교묘하게 책임을 회피할 수 있는 지배 방법입니다.

그런데 그야말로 영혼을 파멸시키는 인격살인 행위인 가스라이팅이 왜 그렇게 이어질 수 있을까요? 이는 가해자와 피해자의 관계를 들여다봐야 합니다.

피해자 스스로도 자신이 피해당하고 있다는 사실을 모르는 일도 있고, 가해자는 조종당한 피해자에게 모든 책임을 떠넘기고 자신은 오히려 착하고 선한 사람으로 둔갑하기도 하므로 잘 발견하기 힘듭니다.

O씨 역시 자신의 삶이 피폐해지고 나서야 남자친구에게 이제 그만하라고 항변했습니다. 하지만 남자친구는 그럴 때마다 "그런 일은 없었어! 넌 피해의식이 너무 많은 여자야!"라고 교묘하게 그녀를 탓했습니다.

자꾸 그런 일이 반복되자 O씨도 자신이 정말 피해를 봤는지,

당하지 않았는지 아리송해지고 나중에는 자기 자신을 의심하기에 이르렀습니다.

O씨는 점점 남자친구에게 의존하기 시작했습니다. 그가 원하는 헤어스타일, 옷차림을 하고 그가 원하는 경제적인 원조도 현실적인 고려 없이 무작정 퍼주기 시작했습니다.

그렇게 하다 보니 O씨의 경제적인 여건이 너무 힘들어졌습니다. 어느 순간 자신이 남자친구의 카드빚을 비롯해 자동차 할부금, 그의 어머니 마사지 비용까지 내고 있는 것을 깨달았습니다. O씨가 남자친구에게 항의하자 "어차피 결혼할 사이에 너는 참 예민한 여자야!" 하고 적반하장 식의 태도를 보였습니다.

O씨는 점점 방어할 의지를 잃게 되고 '정말 내가 오버하는 건가?'라는 생각까지 하게 됐습니다. 결국, "어차피 결혼하면 경제적으로 공동생활을 할 텐데 미리 하는 것뿐이야!"라는 남자친구의 주장에 점점 동조하기 시작했습니다.

이런 말을 왜 주변 사람들에게 하지 못할까 의아한 생각이 들수도 있지만 O씨 남자친구는 O씨를 인간관계 속에서 철저히 절연시키고 고립시켰기 때문에 주변 사람들은 다 알 수가 없었습니다.

뭔가 잘못됐다는 것을 깨달아서 주변 사람들한테 남자친구의 행태를 이야기해도 그녀의 이야기 직후에 바로 남자친구가 그녀의 가족 또는 친구, 직장동료한테 그녀가 정신적으로 불안정한 상태라고 말하고 다니는 바람에 O씨의 말은 신빙성을 잃어버렸습니다.

나에 대한 믿음이 강해야 가스라이팅에서 탈출할 수 있습니다

가스라이팅 하는 사람에게서 벗어나려면 어떻게 해야 할까요?

나 자신을 더 믿고 확신을 가져야 합니다. 가스라이팅 하는 사람이 말하는 거짓말을 분별하고 확실히 대응할 수 있어야 합니다. 상대방이 나에 대해 하는 말이 진실이 아니란 걸 알아야 합니다. 사실 O씨의 말을 믿어주는 사람이 점점 줄어들수록 O씨는 잘못된 남자친구와의 관계에서 벗어나는 것이 점점 힘들어졌습니다.

심리적으로 불안한 O씨와 대화할 때마다 남자친구는 세부적인 내용에서 생길 수 있는 오류를 파고들어 그녀의 기억력이 왜곡됐다며 그녀를 몰아세웠습니다.

그녀 스스로도 자신을 못 믿어 하는 일이 생겼고, 주변 사람들한테 괜히 말해서 남자친구의 평판만 해쳤다고 오히려 자책하기에 이르렀습니다.

하지만 그녀의 모습이 점점 이상해져 가는 것을 알게 된 가까운 직장동료가 건넨 한마디의 말이 그녀를 이 이상하고 무서운 관계에서 빠져나오게 한 실마리가 됐습니다.

"너와 네 남자친구의 관계는 정상이 아니야. 너는 행복해 보이지 않아. 이게 어떻게 사랑을 하는 여자의 얼굴이야?"

그녀는 머리에 망치로 두들겨 맞는 듯한 충격을 받았습니다.

가장 가까운 연인이라고 하는 사람이 주는 부정적인 피드백으로 자존감도, 현실 지남력도 한껏 낮아졌던 그녀였지만 자신의 모습을 제대로 봐주는 이들 또한 있다는 사실에 그녀는 용기를 내 보기로 했습니다.

그때부터 그녀는 자신에게 일어난 일을 문자로 기록해 보관하기 시작했습니다. 나중에 가스라이팅을 하는 남자친구가 혼란을 일으키고 거짓말을 해도 당시 상황에 대한 기록이 있다면 좀 더 정확하게 대응할 수 있을 거라 생각했기 때문입니다.

그리고 남자친구 몰래 심리상담센터에 가서 상담을 받았습니다. 공인된 전문가로부터 자신이 기록한 모든 것들을 보여주고 자신의 반응이 지극히 정상이라는 것을 인정받자마자 그녀는 자신의 가장 친한 동료와 선배한테도 그 내용을 보여주었습니다. 그들의 조언에 힘입어 몰래 남자친구와의 대화 내용도 녹음하기 시작했습니다.

O씨는 남자친구에게 결별을 선언했습니다.

하지만 남자친구의 가스라이팅은 O씨의 의사 표현에도 불구하고 바로 멈춰지지 않았습니다. O씨는 이 잘못된 관계를 변화시키고 싶었고 청산하고 싶어 했습니다. 하지만 남자친구는 교묘하게 "너는 그럴 수 없을 거야!"라고 협박했습니다.

결국, 지금껏 모은 증거와 증인을 바탕으로 경찰서를 비롯한 직장 내 성폭력 신고 센터에 도움을 요청할 수밖에 없었습니다.

가스라이팅을 당하는 사람들 특징

도대체 어떤 이들이 가스라이팅을 당하는 것일까요?

가스라이팅 피해자들은 악을 간파하는 힘이 남들보다 약합니다. 착하거나 기질이 약한 사람일수록 상대적으로 세상과 세상 사람들이 생각만큼 나쁘지 않다고 생각하는 경향이 강합니다. 아니면 그렇게 믿고 싶어하는 마음이 강합니다.

상냥함을 역이용하거나 기가 약한 사람을 속이기 쉬운 사람으로 생각하며 접근하는 사람들은 착한 사람은 약하고, 만약 당하더라도 반격하지 않을 거란 생각에 그들을 은근히 무시하기도 합니다.

그렇다면 어떻게 해야 악을 간파하는 힘을 기를 수 있을까요?

나쁜 사람들의 악의를 눈치챌 수 있어야 합니다. 이들의 생각을 앞질러 간파한 후 악에 대해 다른 행동을 취해야 문제를 막고 무시당하거나 얕잡아 보이지 않을 수 있습니다.

친절하지만, 필요 이상으로 겁을 준다면 일단 의심부터 해야 합니다. 그리고 그 진정한 속셈을 간파하도록 노력해야 합니다.

평판을 알아봐 미리 대비하거나 만나는 과정에서 이기적인 행동의 흔적을 발견하면 거기에 맞는 적절한 행동을 해야 합니다. 적절한 행동이란 요구에 대해 단호하게 거절하거나 혹은 내게 상처를 줬다면 상응하는 상처를 되돌려 주는 것을 말합니다.

남에게 미움받지 않을까, 상대방의 기분을 상하게 하지 않을까 과도하게 걱정하는 사람들도 가스라이팅의 피해자가 되기에 십상입니다.

그들은 불안하고 연약한 영혼의 소유자를 기가 막히게 알아챕니다. 마음의 동요나 당황, 매혹당하고 있다는 시선들, 미묘하게 반응하는 말과 행동을 통해서 상대방을 간파하는 힘이 남다릅니다.

남에게 미움받지 않을까, 상대방의 기분을 상하게 하지 않을까 걱정하지 말고 '모든 사람으로부터 사랑받지 않아도 괜찮다.'라고 생각해야 합니다.

이런 생각을 하게 되면 상대방에게서 자유로워집니다. 부담감이 사라지니 자신감이 생기고 이런 당당함을 상대방이 느껴 함부로 무시하거나 얕잡아 보지 못하게 될 수 있습니다.

문제가 발생하면 쉽게 절망하고 자신감을 잃어버리는 사람도 가스라이팅의 타깃이 되기 쉽습니다.

사람이 살면서 문제없이 살 수 있는 사람은 몇몇 없습니다. 문제나 실수에 관한 생각을 긍정적으로 전환하는 것도 좋은 방법입니다.

문제가 오히려 나를 성장시키는 계기라고 생각하는 것 또한 상당히 좋습니다. '나도 실수할 수도 있고, 심지어 실수할 자유가 있어!'라는 생각으로 상대방의 눈치를 보는 자신을 버려야 합니다. 완벽주의의 스트레스에서 벗어나는 것도 중요합니다.

가스라이팅의 가해자가 나를 사랑해 줄 유일한 사람이라는 생각을 버려야 합니다. 그 사람은 더는 나와 상관없는 사람이라고 생각하고 차갑게 대응해야 합니다.

필요하다면 법의 도움을 받는 것도 좋습니다. 그런 사람은 착한 사람에게만 갑일 뿐 강력한 공권력 앞에서는 의외로 힘도 못 쓰는 쭉정이들이 대다수입니다.

자신의 요구를 억지로 강요하는 등의 행동을 통해 다른 이를 개인적으로 이용하려는 목적으로 행해지는 '가스라이팅(gaslighting)'과 인질이 범인에게 동조하고 감화되는 비이성적인 심리 현상인 '스톡홀름 증후군(Stockholm syndrome)'.

피해자가 가해자에게 마땅히 느껴야 할 증오, 혐오 등의 감정이 아닌 오히려 동정 또는 애착을 느끼게 되는 스톡홀름 증후군은 일반적으로 부모-자식 간의 관계나 부부 사이 등 가족관계에서 가장 많이 일어납니다.

부부간 폭력이나 아동학대 등 가정폭력에서 자주 나타나는데, 폭력의 피해자가 오히려 가해자를 변호하는 현상을 말합니다.

가해자에게 감정이입을 한다는 점에서 가스라이팅과 스톡홀름 증후군을 비슷하게 보지만 스톡홀름 증후군은 피해자가 스스로 판단하고 행동하고 가스라이팅은 가해자가 교묘히 조종해 그런 생각을 하게 만든다는 점에서 차이가 있습니다.

스톡홀름 증후군을 일으키는 가해자는 피해자에게 비교적 친절한데 가스라이팅 가해자는 피해자에게 훨씬 더 불친절하게 대하여 불안한 상황을 만드는 특징이 있습니다.

Let's not do it

❶ 나의 에너지를 내가 사랑하지 않는 사람들에겐 주지 않기로 해요!

❷ 위대하지 않고, 크나큰 의미가 없어도
내 삶을 부끄러워하지 않기로 해요!

❸ 부모에게 물려받은 부정 정서를 내 자식에게는
대물림하지 않기로 해요!

❹ 남보다 먼저 자신한테 부정적인 평가를 하는 것은
하지 않기로 해요!

❺ 외로움과 소외감에 절대 익숙해지지 않기로 해요!

❻ 나의 열등감이 나를 해치고 상처를 낼 때까지
내버려 두지 않기로 해요!

❼ 내 깊은 곳에서 울고 있는 어린아이를 모른 체하지 않기로 해요!

❽ 나의 가장 핵심적인 상처를 건드리는 사람을
가만히 두지 않기로 해요!

호구의 탄생

PART 3

호구들이여, 일어나라!

타인의 평가에
의존하지 않기

"생각해 보면, 내 인생의 개새끼들도 시작점은 다 그런 눈빛.
'넌 부족해'라고 말하는 것 같은 눈빛.
별 볼 일 없는 인간이 된 것 같은 하찮은 인간이 된 것 같은 느낌.
우리를 지치고, 병들게 했던 건, 다 그런 눈빛들이었다."

– 드라마 [나의 해방일지] 대사 중에서 –

타인이 바로 지옥입니다

미국의 성격심리학자 골드버그는 성격 요인에 다섯 가지가 있음을 밝혀내고, 그것을 '빅 파이브(Big five)'라고 이름 붙였습니다.

그에 따르면 사람의 성격은 '개방성', '성실성', '친화성', '신경성', '외향성'이라는 5가지로 형성되는데 그중 '신경성'이 바로 정서적 안정도로 예민함과 섬세함을 의미합니다.

이때 예민하다는 것은 타인에 대한 민감도가 높고, 사물과 자연에 대한 이해가 깊다는 것을 의미합니다. 그런 까닭으로 예민한 사람은 인간관계에서 상대의 기분과 감정을 고려하여 반응하는 경향이 강합니다.

반면 무신경한 사람들은 타인과 외부 환경에 대해 둔감하며 자신이 하고 싶은 대로 의식하지 않고 행동하는 사람들입니다.

온순하면서도 정서적으로 안정된 사람들도 있지만 섬약한 사람들은 대부분 관계 욕구를 발현하는 데 있어서 남의 기분을 많이 살피는 사람들인 셈입니다.

긍정적인 부분도 많습니다.

다른 사람의 감정이나 필요, 불안 등에 잘 공감을 하는 편이기 때문에 의사소통이나 갈등 해결, 다른 사람에게 영감을 주는 데 능합니다.

그들은 다른 사람의 비위를 맞춰주려고 하거나 다른 사람의 요구를 자기 일보다 우선시하기도 합니다. 미묘한 차이를 알아채며 복잡한 정보를 연결하고 통합하는 기술이 뛰어난 편입니다.

정중하고 예의 바르며 옳고 그름에 대해 명확히 이해한다는 칭찬을 받기도 합니다. 정직하고 시간 약속을 잘 지키며, 처음 보는 사람에게도 친절과 예의를 베풀어 주위의 호감을 삽니다.

하지만 본인에게 마이너스가 되는 부분도 있습니다.

온순하지만 예민한 사람들은 상황에 더 강하게 반응하는 경향이 있습니다. 다른 사람은 쉽게 털어버리는데 자신은 왜 주변 상황에 영향을 많이 받는지, 너무 민감하게 반응하는 건 아닌지 고민도 많습니다.

이들은 또 부정적 피드백을 싫어하고, 비판에 더 강하게 반응하기에 비판받지 않기 위해 특별히 애를 쓰다가 힘들어하는 경우가 많습니다. 완벽주의자가 사는 것이 더 힘든 것처럼 말입니다.

결정장애를 앓고 있는 경우가 많습니다. '잘못된' 선택을 하는 것이 두려워 결정 내리는 것을 어려워합니다. 자신의 결정이 다른 사람에게 어떻게 영향을 미치는지 혹은 다른 사람이 자신의 결정을 어떻게 생각할지를 의식하기 때문입니다.

본인이 정중하고 예의 바르며 친절한데 그와 같은 성격이나 가치를 공유하지 않는 동료 때문에 종종 쉽게 상처받고 오히려 신경이 잘 곤두서기도 합니다.

기질적으로 온순하고 예민해도 내면이 단단한 사람은 별반 상관이 없지만 이런 성격으로 인해 누군가에게 만만한 호구가 되는 사람들도 많습니다.

이런 사람들에게는 타인과의 관계 맺기란 매우 어려운 숙제이며 그들에게 악의에 가득 찬 타인은 바로 지옥이 될 수 있습니다.

그들에게는 끊임없이 나타나는 낯선 사람들이나 자신을 호구로 낙점 찍는 사람들이 엄청난 고통입니다. 친절하지 못한 이방인을 늘 쉼 없이 경계하느라 사는 게 피곤합니다.

타인의 시선이나 평가에 지나치게 예민한 사람들은 자기에 대한 가치를 남들이 평가한다고 느낍니다. 그들은 자신을 행복하게 하거나 휘두르는 힘이 바깥에 있다고 생각합니다.

하지만 나의 결핍을 타인이나 세상은 결코 채워주지 않습니다.

우리는 통제 가능한 것과 통제 불가능한 것들을 잘 구분해야 합니다. 물론 사람도 포함됩니다. 타인의 마음, 세상일, 지난 과거는 내 힘으로 어쩔 수 없는 통제 불가능한 것들인 반면 나의 감정과 생각, 행동은 통제 가능한 것들입니다.

바깥에 있는 존재에 따라 결정되는 행복, 갈구해야만 겨우 얻을 수 있는 행복이라면 그것이 진짜 행복일까요? 언제 잃을지 모르는 타인의 평판과 언제 닥칠지 모르는 위기에 촉을 세우고 전전긍긍하다 보면 제대로 된 삶을 살 수 없습니다.

착함은 양방향이어야 합니다

원래는 착할수록 인간은 더 생존에 유리했습니다. 『다정한 것이 살아남는다』라는 책에 이런 말이 나옵니다.

"인간이라는 종은 더 많은 적을 정복했기 때문이 아니라 더 많은 친구를 만듦으로써 살아남았다."

진화상 착한 사람이 생존에 유리했기 때문에 그런 교육은 고대부터 현대까지 여전히 이어지고 있습니다. 집단에 받아들여지는 사람은 다른 사람들이 좋아하는 사람이었고, 그들은 친절하고 남을 잘 돕고 신의를 지키는 사람들이었습니다.

착한 사람은 생존력이 매우 뛰어난 사람이었는데 어쩌다가 지금의 세상에서는 착한 사람을 호구 취급하게 되었을까요? 이것이 세상에 망조가 들고 있다는 방증이 아닐까 두렵기마저 합니다.

P부장은 요새 입맛이 없을 정도로 회사에서 스트레스를 받고 있습니다. 해도 해도 끝이 없는 업무량의 파도, 상사의 말도 안 되는 꼬투리, 실적경쟁에 질식할 것 같은 압박감 등으로 몸무게가 5킬로그램 이상 빠졌습니다.

차분하고 온순한 성향의 P부장은 스스로 눈치라도 없었으면 차라리 낫지 않았나 싶을 정도로 소소한 변화도 잘 알아차립니다. 민감함이 예민함이 되어 상처받는 경우가 많았고, 난처한 상황에 부딪히면 자신의 성격을 탓하기도 합니다.

최근 팀장이 주는 모욕적인 압박도 괴롭지만, 자신의 팀원이 자신을 무능한 상사로 본다는 사실을 눈치챈 이후로 더 견디기 힘들어졌습니다. 그걸 만회한답시고 어느 프로젝트에 대한 팀원들 의견을 모두 들어주려다가 결국 이도 저도 적용하지 못하고 모든 팀원에게 비난만 받게 된 이후로는 무력감에 시달리고 있습니다.

"착하면 손해야!"라는 말은 P부장이 살아오면서 타인에게 가장 많이 들었던 조언이었던 것 같습니다.

이처럼 자신의 착한(착하기만) 성격에 대해 고민하는 사람들이 생각보다 많습니다. 착한 것을 나쁜 것이나 연약한 것으로 생각하는 조직이나 사회 분위기에 괴로워하는 겁니다. 특히 이런 경향은 여성보다 남성들이 더 많습니다.

어릴 때부터 가정이나 학교에서의 교육뿐만 아니라 군대라는 특수한 환경을 거쳐오면서 남성들에게 착하다는 것은 일종의 성격적 약점으로 비치는 단면이 있기 때문입니다.

원래 매우 좋은 말인 '착하다'가 이렇게까지 변질한 이유는 무엇이었을까요?

예의도 발라야 하고, 공손해야 하고, 어른도 모실 줄 알아야 하고, 남을 배려해야 한다는 등등 착한 사람 조건들이 너무 전통적이고 유교적인 모양새에 입각한 것도 있고, 너무 한 상대방에만 흐르는 성격이 강해서 그런 것은 아닐까요?

제가 생각하기에 착함은 양방통행이 돼야 합니다. 내가 일방적으로 희생되는 게 아닌, 줄 건 주고 받을 건 받는 겁니다. "가는 정이 고와야 오는 정이 곱다."와 같은 상호호혜적인 것이어야 합니다.

양방통행적인 착함이 완성되려면 때와 장소에 맞게 착함을 시전해야 합니다. 착해야 할 때 착하고, 못돼야 할 때는 못돼야 상대방이 나를 얕보지 않습니다.

정중하되 단호하고 미소 속에 엄근진(엄격·근엄·진지)을 심을 줄 아는 그런 것들 말입니다. 무조건 착하면 호구 잡히다 못해 심한 경우 바보 취급받는 세상이니까요.

일방통행적인 착함은 이제 그만 끝내야 할 필요가 있습니다. 그렇다고 이 말이 내가 하고 싶은 것을 거리낌 없이 다 하자는 소리도 아닙니다.

'누울 자리를 보고 발을 뻗는 착함'
'시의적절하고 적재적소의 착함'

이것을 말하는 것입니다. 뜨거움과 차가움이 공존하는 사랑과 선의는 꼭 받을 만한 자격이 있는 사람한테만 퍼부어야 합니다.

절대 호의가 권리가 되도록 가만히 놔둬선 안 됩니다. 착한 사람이 베푸는 것이 당연한 줄 알고 이것저것 요구하는 사람들은 그 사람이 헌신하고 베푸는 이유를 착해서가 아니라 '호구'이기 때문이라고 생각합니다.

　강해야 할 때는 강하게, 부드러워야 할 때는 부드럽게 변할 줄
아는 사람만이 인간관계에서 자신을 지킬 수 있습니다. 더 이상
타인에게 휘둘리기 싫다면 당신의 선량함 위에 날카롭게 간 '가
시'를 똑똑하게 세워야 합니다.

사전적 용어로 배덕(背德)은 도덕에 어그러짐을 뜻합니다. 배덕 증후군은 '반사회적 인격 장애(Antisocial Personality Disorder)'로 분류됩니다.

사회적 일탈이라고 하는 '행동적 측면'에 문제가 있습니다. 반사회적, 충동적 성향을 갖고 있으며 사회 규범과 도덕을 위반하고, 타인을 경시하거나 타인에게 거짓말을 하는 등 대인관계에 문제가 많습니다.

자신의 금전적 이득만을 추구하는 경향이 매우 높으며, 타인의 감정에 이입하는 것이 어렵고 둔감하며 공감 능력이 결여된 사람들입니다.

심리학자 마사 스타우는 이들을 "비도덕적이거나 이기적이라 여겨지는 어떤 선택을 할 때 그 행동을 제어해 줄 내부 기제가 전혀 없는 사람들"이라고 가리켰습니다.

제동장치가 없는 그들을 굳이 자극할 필요는 없지만, 그들이 나를 양심 없이 이용하려 든다면 무슨 수를 써서라도 초기에 멈춰 세워야 합니다.

건강한 **개인주의,**
이기주의, 한탕주의

"나는 남이 불편할까 봐 나를 낮췄고,

붙어보기 전에 도망치는 게 편했다.(중략) …

근데 이젠 그냥, 하찮아지느니, 불편한 사람이 돼보기로 했다."

– 드라마 [동백꽃 필 무렵] 대사 중에서 –

스스로를 낮춰야 안심되는 사람들

선천적으로 기질이 순하고 화를 잘 내지 못하는 사람이 있습니다. 이렇게 마냥 사람이 좋다 보면 '좋은 사람이구나!' 하고 여기기보다 오히려 만만하게 보는 경향이 있어 '함부로 해도 어쩌지 못할 거야!' 하고 괴롭히는 경우가 종종 있습니다.

동등한 관계라면 나의 감정을 표현하기 좋은데, 상하 관계라든지 부모와 자식 간에는 위계질서와 힘의 불균형이 있으니 여간해서 화를 내기가 쉽지 않습니다.

요새 갑질에 관한 많은 뉴스 보도가 나오는데 절대 당하지 않을 것 같은 기질의 사람들은 의아해하며 말합니다.

"아니, 저런 얼토당토않은 것을 왜 이때껏 참아준 거야? 바보야?"

그런데 그런 '바보'들이 세상에 생각보다 많습니다. '바보'가 아니라 교묘하게 그들을 바보 취급하는 갑질 인간들과 눈 감고 있는 사회 시스템 때문입니다.

상사의 갑질에 자주 당하다 보면 겉으로 표현은 못 하고 속으로 삭이며 스트레스가 쌓이면 병이 됩니다. 그런데 더 문제는 자신이 진짜 당해도 된다고 다른 누구도 아닌 스스로가 그렇게 생각하는 사람이 있다는 사실입니다.

이들은 매우 심각한 정서 상태를 갖고 있다고 봐야 합니다. 타인에 의해 당하는 괴롭힘보다 스스로 자신을 괴롭히면서 발생하는 고통에 잠식된 경우가 많기 때문입니다.

Q씨가 바로 그런 경우입니다. 그녀는 직장생활하면서 스스로 금과옥조처럼 여기는 철칙이 있습니다.

'주위 사람한테 폐를 끼치지 말아야 해!'
'상사분들에게 인정을 받자!'
'동료들에게 호감을 주는 사람이 되자!'

Q씨는 항상 타인 중심으로 자신의 행동과 말을 따집니다. 다른 사람의 생각이나 가치관을 기준으로 자신의 말과 행동을 검열하고, 결정합니다.

홀로 서지 못하는 사람들은 자신을 부족하고 결핍된 존재로 인식하고 타인이나 세상이 그 결핍을 채워줄 수 있다고 믿습니다. 그래서 인정받으려고 기를 쓰거나 한도초과인 일에도 매달려 자신을 혹사합니다. 그런 노력이 반복적으로 실패하면 일반인들보다 더 단단하게 마음의 빗장을 걸거나 극도의 무기력증에 빠지기도 합니다.

Q씨가 2년 전부터 준비했던 게임이 해외를 비롯해 국내에서 좋은 반응을 일으켰습니다. 임신을 한 상태에서도 프로젝트에 몰입했던 결과였습니다. 명실상부 안팎으로 인정받는 그녀였지만 아직도 그녀는 자신의 성취가 자신의 능력에 의한 성과라고 생각하지 않습니다.

자신이 이룬 성공이나 명성이 노력이 아닌 운이나 타인의 조력 덕분이라고 생각하고, 언젠가는 그 가면이 벗겨져 자신의 무능함이 까발려질 것을 두려워하는 마음이 내면에 깊이 자리 잡고 있습니다.

이런 Q씨의 내면은 '가면 증후군'에 빠져 있는 상태로, 스스로를 낮춰 보고, 자신이 지금까지 주변 사람들을 속여 왔다고 생각하면서 불안해하는 심리가 가득합니다.

이런 증상을 앓는 사람들은 자신은 존경이나 대접을 받을 만한 자격이 없는 사람이라고 단정합니다. 심지어는 스스로를 사기꾼으로 몰아붙입니다. 그래서 '사기꾼 증후군'이라고 부르기도 합니다.

평소 실패가 많은 이들이 이런 증후군에 빠질 것 같지만 아이러니하게도 Q씨처럼 좋은 대학에 좋은 직장을 가진, 성공한 여성들이 많이 느끼는 불안한 마음입니다. 정당하게 공부를 해서 높은 시험 성적을 얻고, 학위를 얻고, 업계에서 업무 능력을 인정받아도 스스로 내적 성취감을 느끼지 못하는 이들에게는 세 가지 특징이 있다고 합니다.

첫 번째, 남들이 자신의 능력이나 기량을 과대평가한다고 믿습니다. Q씨만 해도 다른 이들이 진정으로 자신의 모습을 알지 못한다고 생각했습니다. 갖고 있는 자신의 능력치를 평균이라고 평가절하하고, 그런데도 찬사를 보내는 남들을 불편하게 바라봅니다.

Q씨는 심지어 자신의 탁월한 게임 기획능력이 어쩌면 자신도 모르게 운용했던 타사나 다른 나라의 게임을 무의식적으로 도용한 것이 아닌가 하는 의심까지 품었습니다. 물론 이번에 출시된 게임은 그녀 스스로 만든 오리지널 기획안에 기반한 것이 맞습니다.

두 번째, 자신이 가짜로 들통날 것이라는 공포심을 품고 있습니다. 분명 자신의 성취가 맞는데도 어느 날 누군가가 찾아와 왜 도둑질했냐고 항의하는 상상만으로도 아찔해 했습니다.

세 번째, 성공의 원인을 운이나 노력 같은 외부 요인으로 넘기는 경향이었습니다. 자신이 이룬 성과 자체는 인정하지만 그것은 다만 요새 트렌드에 우연히 맞아떨어졌기 때문이라고 생각했습니다. 거기에 하필 그 게임의 스토리와 형태를 선호하는 해외 배급자의 눈에 띄었기 때문이라고 성공의 원인을 외부로 돌렸습니다.

불편한 사람이 되자마자 찾아온 평화

포상휴가도 넉넉히 받았고 점점 임신 말기 무거워지는 몸 때문에 Q씨는 시즌 게임기획을 백업하는 역할만 하기로 하고 재택근무를 하기 시작했습니다. 그에 맞춰 남편도 재택근무를 같이 신청했습니다. 처음에는 너무 좋았습니다.

하지만 두 사람이 재택근무를 하는 것을 알게 된 이후 시댁 식구들이 드나들기 시작했습니다. 처음에는 시어머니가 오더니 시누이들까지 너무 편하게 집을 찾았습니다.

근무와 생활이 명확히 분리되지 않는 환경이 오히려 Q씨에게 큰 스트레스를 줬습니다.

재택근무도 엄연히 근무인데 같이 근무하는 남편보다 Q씨의 가사분담 비중이 훨씬 높았습니다. 자주 오는 시댁 식구들은 Q씨에게만 불편할 뿐, 그녀의 남편은 자주 찾아오는 어머니나 누나가 Q씨를 위해 음식을 해오는 것을 보고 자신의 아내에게 잘해 준다고만 생각했습니다. 그래서 완곡하게 거부 의사를 밝히기도 애매했습니다.

하지만 남편은 몰랐지만 그녀들이 해오는 음식은 전부 죄다 아들(남동생)이 좋아하는 것이었습니다. 물건을 놓고 금세 가던 시어머니가 살림해 준다면서 Q씨의 집에 체류하는 시간이 점점 길어지더니 눈이 오거나 비가 오는 날에는 아예 자고 가는 날도 늘어났습니다.

시어머니가 화상회의를 하는데 벌컥 문을 열어 방해하는 모습에 심각한 스트레스를 받아 남편에게 얘기했지만 대수롭지 않게 여기는 것을 보고 Q씨는 화가 났습니다.

결국, 터질 게 터지고 말았습니다. 중요한 게임 광고기획을 위해 처음 팀원들과 화상회의를 하는 날, 벌컥 노크도 없이 문을 연 시어머니가 남편이 좋아하는 겉절이 준비를 좀 도와달라고 대놓고 말한 것입니다. 그 모습은 노트북을 통해 팀원들 모두에게 생생하게 전파됐고, Q씨는 황당함을 느껴야 했습니다.

동시에 Q씨는 누군가의 아내와 며느리이기 전에 한 조직의 팀장이라는 사회적 페르소나가 존재하는 여성이었는데 그것이 훼손됐다고 생각하고 모욕감마저 느꼈습니다.

그래도 참았습니다. 그런데 곧 출산을 앞두고 있던 그녀가 키우던 반려견을 병원에 간 사이 시어머니가 동의도 없이 다른 사람에게 건네준 일이 일어났습니다. 신생아랑 짐승을 같이 키우면 안 된다는 이유에서였습니다. Q씨의 분노는 폭발했고 극도의 스트레스로 인해 하혈까지 했습니다.

결국 Q씨가 울고불고 난리를 쳐서 반려견을 다시 데려올 수 있었지만 그런 그녀의 반응을 보고 어이없어하던 시어머니는 이렇게 예민하게 굴 거면 아예 회사를 때려치우고 집 안에서 육아와 살림만 하라고 그녀의 속을 긁어댔습니다.

더는 배 속 아이도 중요치 않았습니다. Q씨는 남편에게 이혼을 요구했습니다. 그녀는 자신이 최선을 다해 참았지만 더는 견디기 어렵다며 호소했습니다. 자유를 억압하고 간섭하는 사람에게 느끼는 그녀의 혐오감과 공포심에 관해 얘기했습니다. 다행히 남편은 Q씨를 많이 사랑했기에 자신의 어머니와 누나가 정해진 날 외에는 방문하는 것을 금지했습니다.

부모와의 감정적 거리가 가까운 우리나라에서 시어머니의 방문을 금지한다면 지탄받을지도 모릅니다. 하지만 며느리의 자유와 정신적 영역을 너무 속박한다면 자제를 요청하는 것이 맞습니다. 이는 '건강한 개인주의'입니다. 싫은 것을 참다가 아들 내외가 이혼하는 것보다 차라리 서로 조심하는 것이 더 낫습니다.

천성이 순한 사람들은 감정이 욱하며 올라오면 오히려 말을 잘 못 하고 소리를 지르거나 목소리가 떨려 제대로 감정과 의사 전달을 못 하는 경우가 많습니다. 평소에 화내는 일이 거의 없다 보니 면역력 자체가 형성이 안 된 까닭입니다.

시댁 식구들에게 불편하고 까칠한 며느리가 되기 싫었던 Q씨. 하지만 한번 하는 것이 어려웠지 유사한 상황에서 두 번 세 번 하는 것은 전혀 어렵지 않게 됐습니다.

물론 그녀의 부당한 처지와 감정을 지지해 주는 남편이 강력한 우군처럼 있었기 때문에 가능했는지는 모르겠습니다. 불편한 사람이 되자마자 평화가 찾아오는 것이 너무 신기하면서도 씁쓸했습니다.

'목소리 큰 사람이 이긴다.'

하지만 스트레스를 받는 것보다는 한번 불편한 사람이 되는 것이 차라리 나았습니다.

화는 내보내야 합니다. 스트레스를 계속 참다 보면 면역체계가 떨어지며 수명 또한 현저히 줄어듭니다. '건강한 한탕주의'는 지속적으로 화를 내는 것이 아닌 적시에 화를 내라는 겁니다. 부당함을 계속 당하고 있기보다 효과적으로 의사전달을 하는 것이 좋습니다.

단호하게 '화'내는 방법을 우리는 평소에 부지런히 익혀야 합니다. 화라는 감정도 억압하지 않고 인정하는 연습이 필요합니다. 연습이 없으면 실전에서는 100퍼센트 발휘하기 힘든 법입니다.

화가 날 여러 상황을 가정해서 그때 걸맞은 상황별 멘트라도 준비해 두는 것도 나쁘지 않습니다. 순한 사람들은 이렇게 연습하는 그 자체만으로도 힐링이 될 수도 있습니다.

나 자신에게 집중하고 만인에게 호감을 주는 것을 포기할 때 다가오는 행복이 있습니다. 자기긍정감을 올리고 자기중심적으로 생각해서 행동하는 '건강한 이기주의'도 필요합니다.

좁은 공간에서 다수가 생활할 때 심리적으로 행동이 격해지고 불안해 민감해지는 심리적 현상을 '고립 효과' 또는 '남극형 증후군'이라고 부릅니다. 좁은 공간에서 생활하다 보면 심리와 행동이 격해져서 말다툼과 몸싸움으로 이어지는 현상을 말합니다.

남극에 파견된 연구원, 우주선에서 생활하는 우주인, 잠수함에서 생활하는 군인들이 이 현상을 겪는 것으로 알려집니다. 밀폐된 장소라는 물리적 환경의 어려움보다 더 힘든 것이 바로 대인관계 상의 어려움입니다. 인간들은 사생활도 없고 서로간의 거리가 없어서 모든 것이 노출되는 상황을 맞이하면 자신의 심리적 내면이 발가벗겨지는 듯한 느낌을 받습니다.

코로나19로 인해 부부가 집에 함께하는 날들이 많아지면서 남극 증후군에서 야기된 불만들이 가정폭력으로 이어지는 일이 전세계적으로 적지 않게 나타났습니다.

집안일과 육아 등 반복되는 집안 일상을 남 일 보듯 하는 남편과 말다툼하거나 사소한 일로 언성이 높아지면서 부부싸움으로 확전되는 것은 이 남극형 증후군의 부정적인 결과입니다.

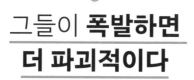

그들이 **폭발하면**
더 **파괴적이다**

"나이를 먹어도 폭풍은 여전히 매서웠다.
다만 한 가지 달라진 것은
이제는 폭풍에 무기력하게 쓸려가고 싶지 않다는 것이다."

– 드라마 [유미의 세포들] 대사 중에서 –

타인에게 비친 착한 사람 상(像) 버리기

평소에 화를 잘 내지 않던 온화한 인상의 목사 R씨.

그런데 그가 화를 내면 너무 무섭습니다. 거의 인격이 다른 사람이 될 정도로 표정 변화가 확연하고 감정의 진폭이 변화무쌍합니다.

착한 그가 그토록 심하게 화를 내리라 예측을 할 수 있는 전조 현상이 평소 몇 가지라도 있었다면 모를까, 성직자 특유의 늘 온화하고 성스러운 기운마저 도는 얼굴이 갑자기 그렇게 야차처럼 찌푸려질 때는 그 격변하는 모습에 섬뜩함을 느낄 정도입니다.

그의 모습이 변하는 경우는 그동안 참았던 화가 폭발할 때밖에 없습니다. 물론 그가 화를 낼 때는 다 온당한 이유가 있기는 했습니다.

많은 사람에게 존경받는 R씨는 불의한 것을 보거나 정말 이해할 수 없으리만치 무례한 사람들을 보면 그들에게 분노를 넘어서서 살의까지 느낍니다. 그가 그런 마음을 품는다는 것은 목회자로서 스스로도 많이 충격적이고 당황스러운 상황이었습니다.

남들의 이목과 사회적인 평판이 있어서 그 분노를 유발하는 상대를 향해 폭력성까지 발현하지는 않지만 혼자 어딘가에 가서 물건을 부수는 등 꼭 그 화를 풀어야만 진정이 될 정도였습니다.

화가 나서 교회 화장실 문을 부순 적도 있습니다. 어떨 때는 이렇게 분노를 조절하지 못하는 자신이 혐오스러워서 자동차가

오가는 도로 위에 뛰어들까 고뇌한 적도 있었습니다.

목사 R씨의 사례를 보면 '설마 저토록 참지 못하는 걸까?' 의 아스러운 마음도 들 겁니다.

하지만 해외에서 자동차 안에서 엄마한테 꾸중 들은 학생이 정체된 고가 대교 위에서 난데없이 차 문을 열고 내려 갑자기 다리 아래로 몸을 날리거나, 시험공부를 감독하는 아버지의 곁에서 공부하던 아들이 고층 아파트 베란다로 갑자기 달려가 투신하는 장면을 뉴스를 통해 볼 수 있는 요즘입니다.

자신한테 향하던 그 화풀이가 간혹 자신의 분노와 무관한 누군가를 '묻지 마 폭행' 하는 식으로 외부로 향할 때 무서운 결과를 초래할 수 있음을 많은 언론 보도를 보면 알 수 있습니다.

화가 심하면 인간관계를 해칠 수도 있고, 자신을 망가뜨릴 수도 있어 잘 제어해야 합니다. 화가 저 마음 깊숙이에서 펌프로 물을 길어 올리듯 폭발하면 상대를 어떻게든 망하게 만들어야겠다는 생각이 들 정도로 극도의 폭력성이 자극되기 때문입니다.

그런데 평소에는 순하고 착한 사람들이 왜 무슨 이유로 발로 누르고 있다가 뗐을 때의 고무호스 속 물처럼 폭발하듯 격렬한 분노를 터트리는 것일까요?

우선 그들은 착하다는 이유로 오랫동안 참았습니다. 그게 문제였던 것입니다. 일이 더 커지게 하고 싶지 않아서 화를 안 내고 참았던 것이 오히려 '트리거(trigger)'가 돼 상황 조건만 갖춰지면 더 충격적으로 격발되고 마는 것입니다.

어쩌면 착하다고 하는 사람은 그만큼 인내심이나 뚝심이 있는 사람이라는 생각도 듭니다.

혹은 타인에게 거울처럼 비친 착한 자신의 모습에 대한 집착이 강한 것일 수도 있습니다. 순한 사람이 나중에 무섭다는 것은 자기가 옳다는 생각에서 절대 물러서지 않는 사람이라서 그럴 수 있습니다. 그런데 이게 꼭 뒤에 가면 큰 탈이 나는 것입니다.

단지 오래 참을 수 있다는 것일 뿐 결국 터질 건 터질 수밖에 없으니까요.

자꾸 착한 사람으로 행동했던 이력이 아깝고 미련이 남아 지금 내 감정을 표출하는 것을 막고 있는 것은 아닌지 곰곰이 성찰해야 합니다. 분한 것은 쌓아두면 안 됩니다. 억지로 하기 싫은 것을 참지 말고 평소에도 조금씩 조금씩 분출할 필요가 있습니다.

"당신 참 힘들었겠습니다. 저라면 예전에 화병 났을 텐데 지금까지 참느라 고생하셨습니다!"

물론 이런 공감의 말로 당장 그 분노에 지지를 보내더라도 단시간에 분노가 가라앉지는 않을 겁니다. 오래 묵은 감정이 한꺼번에 터진 것이라서 아무리 다독인다고 해도 시간이 걸리는 법이죠. 그나마 나의 분노가 정당하다는 주변 사람들의 수긍과 인정이 있다면 낫습니다.

분노도 단계를 갖고 있어야 분노의 상대방도 이해합니다

사실 한 인간의 분노에는 아무도 알지 못할 뿌리들이 있을 수 있습니다. 분노의 나무가 무성하게 되기 위해서는 그 나무가 잘 자라게 자양분 삼는 인과관계의 일들이 있거나 기여하는 기질이나 감정이 있습니다.

다만 그동안 종교나 스포츠의 힘, 정서적 수양, 강인한 의지, 이성적 에너지를 빌려 수위를 조절했을 뿐입니다. 그리하여 평상시에는 순한 양처럼 보였던 것입니다. 그런데 어떤 기회나 여건이 주어지면 상당한 파괴력으로 분노가 표출되고 맙니다.

그때는 주변 사람들은 놀라게 되고 본인도 놀랍니다. 그리고 곧 후회나 자책으로 빠집니다.

물론 사람이 화낼 수는 있습니다. 화가 날 상황에서 화가 나는 것은 당연합니다. 자신이 뭔가 억울하거나, 상대가 너무할 때 화를 내는 것은 인간의 당연한 감정입니다.

하지만 그 화는 상황에 맞게 표출이 돼야 합니다.

참고 참다가 한 번에 화를 폭발시키는 것은 정상적이지 않습니다. 1000번을 참고, 1001번째에 화를 낸 것이라고 하더라도 상대에게는 그 화가 갑작스러운 첫 번째의 화로 느껴질 수밖에 없기 때문입니다.

10이나 20, 30… 정도의 단계도 없이 바로 100 정도의 크기로 화를 낸다고 생각하는 것입니다. 그렇다면 상대방 역시 충분히 황당해할 수 있습니다. 그럴 때의 분노는 더욱더 상대와 자신을 해치는 칼이 될 수 있습니다.

그렇다면 어떻게 해야 할까요?

화가 날 때는 자신이 느끼는 바를 솔직하게 표현하려는 노력이 필요합니다. 화가 나는 것을 제대로 된 방법으로 표출하지 못한다면 그 감정은 사라지는 것이 아니라 자신의 마음에 남아 갇히게 됩니다.

가둬진 감정은 해소되지 못하고 쌓여서 장기적으로 일상생활, 대인관계, 정신·신체적 건강 등에 부정적인 영향을 주게 됩니다.

0이 아니면 100이라는 '이분법'적인 화내기가 아니라 단계적인 '척도법'을 사용할 필요가 있습니다. 내가 가진 화가 바로 100으로 넘어가는 것이 아닌, 나 스스로 이 정도면 40이고 참을 만하다, 50이 넘어가면 좀 더 인내해 보겠다, 60이 넘어가면 상대에게 표현한다는 식으로 분노 표출의 단계를 설정하는 것이 좋습니다.

즉각적으로 표현하는 분노와 분노하게 된 상황의 경위에 대해 사유하면서 분노의 정당성이나 분노하게 된 이유를 성찰하고 숙고한 후 표현하는 분노는 확실히 다릅니다.

분노한 다음에 모든 것이 공허 또는 폐허가 되면 안 됩니다. 인간관계, 타인의 내면, 본인의 인성… 이 모든 것들이 무너진 다음 덤덤히 진정을 한들 무슨 소용일까요?

잘 터트린 건강한 분노는 분노가 나가고 사라진 자리에 회복력, 자기 효능감, 활력과 같은 긍정적인 정서가 오히려 더 잘 깃드는 분노입니다.

분노를 제어하고 올바르게 표현하는 법을 배우면 더 나은 인간관계를 만들 수 있고 건강하고 만족스러운 삶을 살 수 있습니다.

분노한 다음에 스스로를 자책하는 사람이 많은데 굳이 그럴 필요는 없습니다. 분노한 자신에게도 친절하세요! 그래야 정신적으로, 정서적으로 건강합니다.

많은 사람이 자신에게 불친절하게 구는 경우가 많습니다. 사람은 내면적으로 지독할 만큼 자기비판을 할 수도 있고, 스스로 저지른 실수에 대해 자신을 가혹하게 판단할 수도 있습니다.

그러나 우리 모두가 실수를 하고 결함도 가진 인간이라는 진실을 외면하지 마세요!

이러한 결점을 다 인정하는 자기 수용은 행복의 열쇠가 됩니다. 나도 화를 낼 수 있다는 것을 스스로 인정하고 받아들이는 데서 '제대로 화내기'가 시작될 겁니다.

심리학 용어인 사회병질 증후군은 개인적인 정신분열 증상이 사회로 확산
하는 것을 뜻합니다. 개인의 피해망상, 불신, 양심 붕괴, 삶의 방향 감각 상실
이 사회 전체로 전염병처럼 퍼져 도덕성이나 책임감, 가치 체계를 무너뜨립
니다. 원초적인 공격성과 성 충동, 규범 파괴 등이 적나라하게 나타납니다.

언제 어디서나 사회 불만 세력은 있게 마련입니다. 또한, 타인의 불행 때 나
타나는 소수의 극악한 행동 역시 우리 사회의 한 부분으로 어쩔 수 없이 안고
가야 하는 것은 분명합니다.

그러나 익명의 공간 뒤에서든, 약자를 향해서든 사회병질자로 돌변하는 이
들은 반드시 찾아내 강력하게 응징해야 합니다. 평소 그들이 아무리 모범적
인 삶을 살았다 하더라도 마찬가지입니다. 불행을 당한 이들을 더욱 깊은 절망
에 빠뜨리는 이들이야말로 무엇보다 위험한 악성 바이러스이기 때문입니다.

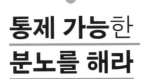

통제 가능한 분노를 해라

"해방되고 싶어요. 어디에 갇혔는지는 모르겠는데, 꼭 갇힌 것 같아요.
속 시원한 게 하나도 없어요. 갑갑하고, 답답하고, 뚫고 나갔으면 좋겠어요."

— 드라마 [나의 해방일지] 대사 중에서 —

분노를 억누르기만 해서는 안 됩니다

분노는 내외부로부터의 자극인 스트레스가 감정적으로 인내할 수 있는 수준을 넘어설 때 내부에서 일어나는 흥분상태입니다.

생물학적으로도 분노는 포유류 이상의 동물들이 무리를 이루어서 생활할 때 개체 간의 갈등을 해소하기 위한 도구로서 두뇌의 변연계 시스템이 작동하여 만들어 내는 감정이라고 밝혀졌습니다. 즉, 분노는 생존에 매우 필요한 감정이라는 말입니다.

야생동물들이 서로 그르렁거리며 탐색하다가 분노를 폭발시키는 것 또한 자신이 위기 상황에 느끼는 불안이나 공포에 대해서 살고자 하는 본능을 자기방어 차원에서 드러내는 겁니다.

즉, 인간이 화를 내거나 짜증을 내는 것도 기본적으로 자기방어와 자기 보호를 위한 생존 본능이라는 소리가 됩니다.

분노에 관한 명언은 많습니다. 그만큼 분노는 우리 인간에게 없어서는 안 될 감정이고 자연스러운 감정이라는 것을 방증하는 증거일 것입니다.

철학자 조지프 버틀러는 "인간의 본능적 분노를 신이 부여했다."라고 말했습니다. 분노 자체는 악이 아니라 창조주가 준 순수한 선물로 강조한 것입니다.

분노가 가지는 역할과 기능도 많습니다.

분노는 억압, 불의, 공격, 포악함과 추함 등으로부터 우리 자신과 소중한 이를 보호해 주는 역할을 합니다.

인간에게는 분노는 불의에 대한 저항이고, 응징이며, 정의의 실현이 될 수도 있습니다. 누군가를 향해 폭발하는 화가 올바른 것으로 인정된다면 그 정당화된 분노에서 이뤄지는 단죄 역시 많은 부분 사회적으로도 용인되기도 합니다.

그런데 이렇게 분노에 긍정적인 명언만큼 분노에 부정적인 명언도 많습니다.

세네카는 "분노하지 마라. 분노하게 된 원인보다 더 큰 해가 온다."라고 상반된 말도 했습니다. 그는 분노가 우리 인생에 절대 유익하지 않고 오히려 손해가 크다고 말했습니다. 분노는 그 특성상 작동하기 시작하면 이성을 마비시키고 통제를 벗어나기에 더욱 치명적이기 때문입니다.

"지체해서 이득이 될 것은 아무것도 없다. 그러나 분노는 그렇지 않다."라는 라틴 속담 역시 분노에 대한 신중한 접근을 제시하는 말입니다.

화를 내는 것은 모든 사람의 본능이기에 누구나 조금씩은 화를 낼 수 있지만 화를 내지 않아도 되는 상황임에도 주체하지 못할 정도의 분노함을 드러내거나 목적 없이 화를 내는 경우는 분노조절장애를 의심해 볼 필요가 있습니다.

분노조절장애는 '간헐적 폭발성 장애'라고도 불리며 일반적인 화와는 다르게 공격적이고 충동적이며 파괴적인 행동이 지속해서 나타나는 증상을 말합니다.

화를 자주 내는 사람이라면 본인이 화를 낼 때 감정을 스스로 통제할 수 있는지, 무작정 화를 내고 있지는 않은지 파악해 보고 만약 그렇다면 적극적으로 치료해야 합니다.

끊임없이 당신에게 무례한 태도를 보이는 것은 대개 화를 내는 것이 정당합니다. 하지만 당신의 화가 일반적인 수준에서 도를 넘어 끊임없이, 고수위에서 시간이 지나 하강하는 등의 움직임 없이 내내 분노를 표출하고 있다면 이를 심각하게 생각할 필요가 있습니다.

평소 뉴스에서도 사회적 이슈로 많이 접했던 일들을 내가 하고 있다면? 분노한 폭발과 그로 인한 감정 공격을 타인에게 하고 있다면 진지하게 해결책을 찾아야 합니다. 분노조절장애가 있으면 본인뿐만 아니라 가족들과 주변 사람들은 평생 고통 속에서 살아야 하니까요.

적절한 시간, 공간, 대상이 아닐 때의 분노는 독(毒)

그렇다면 중요한 관계를 잃게 하고 경력에 차질을 일으키고 육체적으로 고통받게 하는 분노조절장애는 어떻게 극복할 수 있을까요?

많은 사람이 기쁨과 즐거움을 표현하는 데는 익숙합니다. 하지만 슬픔과 화는 대개 잘 표현하지 못합니다. 감정 표현을 절제하고, 참는 것을 미덕으로 삼는 동양권 문화에서 화를 참는 것은 또 하나의 스트레스가 됩니다.

그렇게 화를 참고 잊으려고 애를 쓰다 보면 단기적으로는 성공할 수 있으나 장기적으로는 오히려 역효과가 날 수 있습니다.

오랜 기간 쌓아온 슬픔과 분노는 부모 자녀 관계, 부부 관계, 그리고 대인관계에도 부정적인 영향을 끼칩니다. 심하게는 우울증과 분노조절장애 등과 같은 정신건강 문제들을 일으킬 수 있습니다.

부쩍 가족들에게 분노를 폭발시키는 30대 남성 S씨. 상담 결과 S씨는 밖에서 직장 상사에게 받은 스트레스로 분노의 감정이 강했습니다. 원래 그는 남들에게 유순하고 좋은 사람이라는 소리를 듣는 사람이었습니다. 직장에서 상사에게는 무조건 복종해야 하며 혹여 따지거나 불손한 태도를 조금이라도 보여서는 안 된다는 가치관을 강하게 갖고 있었습니다.

그래서 회사에서는 부당한 대우를 받아도 계속 참아왔습니다. 애써 참다 보니 "사람 좋다!"라는 평가도 받았고, 그래서 있는 힘껏 꾹꾹 참아본 것입니다. 그러나 이렇게 참은 분노가 어디론가 사라질 수 있는 성질의 것일까요?

자기감정을 1차원적으로 어떤 식으로든 해소하는 어린아이들처럼 성인이 똑같이 해소할 수는 없는 법입니다. 나름 세련되게, 의연하게 정리했다고 여긴 그 감정들이 결국 해소되지 못했기에 무의식에 그대로 남아 있게 됩니다. 이런 억압된 에너지가 결국 문제를 일으킵니다.

결국, 직장에서 받은 스트레스가 원인이 되어 종로에서 뺨 맞고 한강에서 화풀이하는 식으로 집에 돌아와 S씨는 자신의 아내에게 실컷 퍼붓습니다. 심리학적 방어기제로 '전치 현상'인 셈입니다.

그렇게 되면 어떻게 될까요? 분노나 슬픔 같은 부정적인 감정은 전이가 쉽습니다. 화가 난 아내는 자신의 아이들에게 왜 이렇게 장난감을 어지르냐고 다그치며 화를 낼 수 있습니다.

아이들은 앞으로 자신들의 아버지가 집에 들어오는 상황 자체를 매우 큰 스트레스 상황으로 여길 가능성이 커집니다.

'분노의 나비효과'입니다.

만약 S씨가 집 안에서 일어난 일로 아이들은 물론이고 아내에게도 심하게 화를 냈다면 다소 격한 수위만 걱정될 뿐 사실 그냥 넘어갈 수도 있는 일로 봐도 됩니다.

그러나 직장에서 누적된 분노의 감정을 원인 제공자인 직장 상사에게 제때 적절하게 표출하지 못한 채, 전혀 다른 공간과 전혀 다른 시간에서 전혀 다른 대상에게 표출되는 것은 매우 심각한 문제입니다. 자신이 가장 사랑하는, 사랑해야 하는 가족이 그 대상이 된다면 이는 당장 치료해야 하는 병증으로 봐야 합니다.

S씨는 자신이 부적절하게 화를 냈다는 것을 수긍합니다. 그래서 후회하고 아내에게 사과도 했습니다. 그런데 이상하게 또다

시 며칠 못 가서 그런 상황이 반복됐습니다.

자꾸 이렇게 되다 보니 순했던 아내가 더는 너무 힘들다며 먼저 이혼 이야기를 꺼냈습니다. S씨는 정신이 번쩍 들었고 치료를 위해 병원에 달려갔습니다.

분노의 제동장치를 묶는 방법

상담하면서 의사에게 털어놓은 S씨의 어린 시절은 행복하지 않았습니다.

그는 주벽이 심한 아버지의 학대와 강압적인 환경 속에서 성장했습니다. 평소 방어적이고 유순한 듯하면서도 분노에 취약한 성격이 형성됐습니다. 그래서 과도한 스트레스가 발생하면 그 결과 생기는 분노를 조절하는 것이 어려운 사람이 됐습니다.

그는 쉽사리 열등감에 휩싸여 자신을 무시한다고 생각하는 대상에게 공격적으로 대응했습니다. 다만 그 공격의 대상이 자신이 그토록 증오해 마지않았던 아버지와 비슷하게 자신보다 약자인 가족들이 된 것입니다.

잠재된 분노를 주변인들에게 폭발시키는 증상은 자신은 안 그러고 싶은데 자신의 의지와는 상관없이, 분노가 뿜어져 나오기도 합니다. 그리고 시간이 지나고 나면 마치 알코올에서 깨어난 사람처럼 온순해집니다.

평상시에는 잠복해 있기 때문에 본인은 물론 그 누구도 예측이 어렵습니다. 그러다가 일정한 시간이 지나 분노의 감정이 성장하게 되고, 극에 달한 분노의 감정은 임계점에 도달하게 됩니다. 그리고 제동장치가 스르르 풀려 버린 채, 상대를 향해 돌진합니다.

분노조절장애 치료는 바로 화나 짜증을 폭발적으로 드러내는 진짜 원인과 그로 인해 일어난 결과에 대한 관계 파악을 정확히 하는 데서 시작해야 합니다. 그 뿌리의 중심에는 자기 연민과 상처, 그리고 열등감이 똬리를 틀고 있을 수 있습니다.

'화를 낸 사람이 잘못'이라는 식으로 비난만 하거나 그냥 '화를 참으라!' 하는 식의 조언은 근본적 치유를 어렵게 만듭니다. 욱하고 폭발하는 것을 성격 탓으로 오해하고 버려둬서는 안 됩니다. 빨리 치유 받아야 합니다.

나이가 들어도, 수양을 아무리 해도, 지위가 더 올라간다고 해도 이렇게 갑작스럽게 분출하는 분노의 행위는 나아지지 않고 더 심각해질 수도 있습니다. 째깍거리는 시한폭탄을 가슴에 품고 사는 꼴과 다름없습니다.

자기 자신도 얼마나 힘들까요? 사소한 일에 버럭 화를 내는 커다란 에너지를 쓰는 것은 그의 인생으로 봐도 손해가 막심합니다.

물론 원래 그런 기질을 가진 사람들도 있습니다. 신체적 질병이 있거나 마음의 병이 있는 사람들은 보통 사람보다 부정적이며 짜증이 많습니다.

하지만 평범한 사람이 폭발적으로 내는 '이상 분노'는 노력과 애정으로만 호전되지 않습니다. 깊숙이 뿌리를 내리고 있는 분노는 반드시 도움을 받아야 합니다.

분노가 느껴질 때 이를 억누르는 방법을 소개해 드립니다.

먼저 순간적으로 분노가 생길 때 원인이 되는 장소에서 잠시 떨어져 천천히 심호흡하면서 1부터 10까지 천천히 숫자를 세는 것도 도움이 됩니다.

주변에 이 사실을 알리고 도움을 요청해도 좋습니다. 충분한 휴식과 수면을 취해 심신의 스트레스와 컨디션을 스스로 조절해야 합니다.

평소 자신의 마음을 솔직하게 털어놓는 것도 좋습니다. R씨 역시 그랬습니다. 이러다가는 큰일이 나겠다고 자각한 그는 쓸데없이 화를 내는 상사에게 찾아가서 당신으로 인해 너무도 화가 나고 힘들다고, 자꾸 이러면 갑질로 신고하겠다고 차분하게 말했습니다.

세상에는 수많은 상황과 각자의 입장이 있습니다. 보다 유연한 사고방식, 상대의 입장이 되어보는 역지사지(易地思之)의 태도로 분노를 억누를 수 있습니다.

역지사지가 어렵다면 때로는 분노유발자를 깡그리 무시하는 것이 상책일 때도 있습니다.

분노를 미리 예방하는 것도 탁월한 방법입니다. 분노 유발요인을 차단하고, 평소에 마음 건강을 잘 유지해야 합니다. 분노는 초기에 진화하는 것이 좋습니다. 불도 초반에 진화하지 않으면 확산돼 손을 대기가 힘든 것처럼 분노 역시 번지기 시작하면 답이 없습니다.

일단 시작된 화가 번지지 않도록, 잠깐 정지하고 다른 생각을 하거나 화가 나는 공간에서 벗어나 시원한 공기를 쐬는 것도 좋습니다.

세상 모든 것과 타인의 마음도 내 마음대로 할 수 없다는 것을 인정해야 합니다.

우리가 노력하면 마음대로 할 수 있는 건 바로 오직 자신의 마음뿐입니다. 분노라는 감정도 자기 마음의 한 부분입니다. 나를 분노하게 만든 사람을 바꾸는 것은 대부분 무의미한 시도이고 괜한 일일 수 있습니다. 가장 효과적이고 현명한 방법은 '나'를 바꾸는 겁니다.

화가 날 때 가장 고통스러운 존재인 '나' 자신에게 집중하는 것이 필요합니다. 스스로에 대한 자존감과 자기애를 북돋는 말을 스스로에게 건네봅시다.

"이깟 일 따위에 나의 마음을 통제 불능 상태로 둘 순 없지! 내가 얼마나 괜찮은 사람인데!"

"그래, 너는 짖어라! 조금이라도 훌륭한 내가 참아준다. 삼세판이다. 두 번까지는 참아줄게!"

마거릿 대처는 "우리의 운명은 생각하는 대로 된다."라고 말했습니다. 이를 표현하는 대표적인 심리학 용어로 약효가 없는 가짜 약을 복용해도 환자의 병이 호전된다는 '플라시보 효과'가 있습니다.

그런데 이런 '플라시보 효과'와 정반대의 개념인 '노시보 효과'가 있습니다.

노시보 효과란 약효에 대한 불신이나 부작용에 대한 우려와 같은 부정적인 생각으로 인해 약효가 제대로 발휘되지 않아 건강에 안 좋은 영향을 끼치는 등 실제로 부정적인 결과가 나타나는 현상을 말합니다.

노시보 효과를 설명하는 대표적인 이야기가 있습니다.

과거 어느 선박의 냉동창고에서 한 선원의 시신이 발견되는 사건이 발생했습니다. 죽은 선원이 적어놓은 글에 의하면 해당 선원은 동료의 실수로 냉동창고에 갇히게 되었고, 결국 추위로 죽어간다는 내용이었습니다.

하지만 선원들은 죽은 선원의 글을 읽고는 깜짝 놀랐습니다. 죽은 선원이 냉동창고에 갇혀 있었을 당시 냉동창고의 전원은 꺼져 있었기 때문입니다. 자신이 냉동창고에 갇혔다는 사실에 극도의 추위를 느끼게 됐고, 이러한 부정적인 생각이 결국 그를 죽음으로 몰고 간 것으로 밝혀지면서 세상 사람들은 깜짝 놀라고 말았습니다.

나의 **분노**는
정당합니다

"내 인생은 모래밭 위 사과나무 같았다.
파도는 쉬지 않고 달려드는데
발밑에 움켜쥘 흙도 팔을 뻗어 기댈 나무 한 그루가 없었다."

– 드라마 [동백꽃 필 무렵] 대사 중에서 –

간호사인 X씨는 자신의 가족을 사랑하는 데 큰 노력을 기울여야 했습니다. 모성애가 자연발생적이고, 원초적인 감정이라는 이론에 그녀는 절대 동의하지 않습니다. 그 이론은 적어도 X씨에게는 사실이 아닌 말이었으니까요.

"사랑은 자연스러운 것이 아니다. 오히려 훈련, 집중, 인내, 믿음, 나르시시즘의 극복이 필요하다. 그것은 감정이 아니라 실천이다."라는 에리히 프롬의 말처럼 그녀는 부모를 사랑하기 위해서 많은 노력을 기울여야 했고, 늘 참아야만 했습니다.

드라마 작가였던 X씨의 어머니는 자녀들과 상호작용이 거의 없는 무정한 여자였습니다. 어린 X씨와 남동생이 배가 고파 울어도 본인의 일이 늘 최우선이었습니다.

어느 순간부터 X씨와 남동생은 울지 않았습니다. 울어도 소용없다는 것을 깨달은 X씨 남매는 그저 숨죽이면서 무기력하게 기다릴 뿐이었습니다. 따스한 음식과 한 자락의 애정을 갈구하면서요.

X씨의 아버지도 동류의 인간이었습니다. 그는 X씨가 갓 중학교에 입학한 해, 다른 여자와의 새로운 인생을 위해서 냉정하게 가족을 떠났습니다.

X씨가 성장해서 한 남자를 만나 사랑스러운 아이를 낳고 난 지금 와서 보니 X씨는 자신의 부모가 매우 비정상적인 양육자들

이었다는 것을 더욱더 잘 알 수 있었습니다.

'어떻게 아이가 우는데 곁눈질 한번 하지 않을 수가 있을까?'
'주린 배를 부여잡고 우는 아이를 어떤 마음이면 돌아보지 않을 수 있을까?'
'쇠와 돌로 만들어지지 않고서야 아파서 우는 아이를 어떻게 때릴 수가 있는 거지?'

아버지를 닮았다는 이유로 걸핏하면 매를 맞아 상처를 달고 살던 남동생 때문에 X씨가 간호사라는 직업을 선택한 걸 그녀의 어머니는 영원히 알지 못할 것입니다. 아마 알고 싶어 하지도 않을 것이라 X씨는 확신합니다.

X씨는 나이가 들어 병든 몸으로 자신과 남동생한테 의존하는 어머니가 치가 떨리도록 미웠습니다. 그런데 그저 천륜이라는 이유로 어린 시절 자녀들을 방임했던 어머니를 지금 돌봐야 한다는 사실이 너무 절망스럽고 짜증 났습니다.

그러다가 X씨가 근무하는 병동에서 그녀가 돌보던 환자가 숨을 거둔 일이 있었습니다.

죽은 여성은 예순여덟 살의 암 환자였습니다. 동년배인 X씨의 어머니와 다르게, 늘 살갑게 맞이해 주고 친절하게 웃어주는 그녀를 X씨는 마음속으로 많이 좋아했습니다.

그녀와 대화를 나누다 보니 불행한 그녀의 삶에 대해 많이 알게 됐습니다. 그러다가 점점 그녀와 X씨 자신을 동일시하기에 이르렀습니다.

가난한 집 막내딸이었던 암 환자 여성이 어릴 때 그녀의 부모가 애보기 일꾼으로 남의 집에 그녀를 맡겼고, 거기에서 어렵게 자란 그녀는 배달 일을 하던 남편을 만나 결혼했습니다.

많이 배우지 못하고 가난했던 남편은 툭하면 그녀에게 손찌검을 해댔습니다. 아이를 낳지 못해 시댁조차도 그녀를 더 무시했고 남편은 외도로 낳은 아들을 그녀에게 데리고 와 키우라고 명령했습니다. 뒤늦게 친딸을 가져 낳았건만, 그 딸은 얼마 못 가 죽었습니다.

다른 여자의 아들이라도 친아들처럼 금쪽같이 키웠지만, 그녀의 사랑은 돌려받지 못했습니다. 병원에서 X씨도 몇 번 봤던 암 환자의 아들은 보험금만 노리는 천하의 망종이었습니다. 걸핏하면 나이 든 어머니에게 돈을 내놓으라며 괴롭혔습니다. 그런데 그녀는 그렇게라도 자신을 찾아와 주는 그 아들을 엄청나게 반기곤 했습니다.

배 아파 낳지도 않은 아들에게도 엄청난 모성애를 가진 그 늙고 아픈 여자가 X씨는 내내 눈에 밟혔습니다. 사랑받지 못하는 여자. X씨는 그 여자한테 자신의 모습을 투영했습니다.

자아가 강했던, 누구보다 본인 인생 자체가 제일 중요했던 어머니에게서 버림받았던 X씨 자신과 죽음을 향하는 순간까지도 가족의 사랑을 갈구하는 그 암 환자가 비슷하다고 생각했습니다.

그 암 환자가 죽자 X씨에게 자살 충동이 올 정도였습니다. 그 즈음 병원에서도 힘든 일이 있었습니다.

새로 들어온 젊은 간호사에게 호되게 신입 교육을 하는 동료 간호사를 보고 화가 난 X씨가 그 후배를 편들자 기존의 동료들 사이에서 악랄한 따돌림이 시작됐습니다. X씨는 그 동료들을 무정했던 어머니처럼 여겼고, 동료들과 대놓고 불화했습니다.

직장에서 이렇게 힘든 와중에도 병구완해 주었던 친정어머니는 그녀에게 고마워하지도 않았습니다. 그녀에게 생떼를 쓰고 그녀의 노력을 평가절하하는 말을 쉽사리 내뱉었습니다.

X씨의 감정 기복은 매우 불안해졌습니다.

식욕도 뚝 떨어져서 거의 음식을 입에 대지 않았습니다. 회사 일도 집안일도 할 수 있는 에너지가 X씨에게는 전혀 없었습니다. 슬픔과 죄책감이 그녀의 우울을 더 짙게 만들었습니다. 공격적인 충동도 일어났습니다.

실컷 악다구니를 쓰다가 지쳐 잠이 든 친정어머니의 얼굴 위로 몇 번이고 베개를 놓을까 망설이는 자신의 모습에 소스라친 것도 부지기수였습니다.

죄책감이 생겼습니다. 그 감정을 해소하고 싶었습니다. 자신의 공격성과 죄책감을 해소할 만한 만만한 존재를 찾았습니다. 죄책감을 느낄 필요도 없는 상대, 바로 자기 자신이었습니다.

X씨는 오래간만에 찾아온 시어머니가 심하게 어질러진 집안을 치우다가 잔소리를 몇 마디 한 것이 너무 화가 나서 화분의 병을 깨고 화초의 잎을 다 가위로 잘라버렸습니다. 이 때문에 시어머니와 남편은 큰 충격에 빠졌습니다.

다른 사람을 힘들게 만들었다는 자책감에 X씨는 또다시 자신의 허벅지를 가위로 긁기 시작했습니다. 스스로 상처를 내니까 기분이 많이 나아졌습니다. 가끔은 손거스러미를 입으로 뜯거나 머리카락을 뽑아서 모근을 먹어대기 시작했습니다.

병원에서 사람들에게 강력한 수면 진통제를 놓으면서 본인에게도 놓는 상상을 했습니다. 점점 동료들하고 같이 말을 나누거나 같이 식사하는 것도 꺼렸고, 사람들 속에 있어도 고립감이 깊어갔습니다.

X씨의 태도에 동료나 후배들도 짜증을 내거나, 또는 우려의 눈길을 보냈습니다. X씨는 너희가 먼저 시작했기 때문에 내가 방어한 거라는 태도를 고수했고, 그런 자신의 태도가 정당한 것이라고 여겼습니다.

곪아 터질 거면 차라리 뿌리까지 뽑아야 합니다

X씨의 심리 상태가 비정상적인 것을 알게 된 친한 동기 언니가 그녀에게 정신 상담을 권유했습니다. 남편 역시 자꾸만 감정

을 숨기고 도움을 거절하는 아내가 걱정되어서 병원에서 치료받기를 강하게 원했습니다.

그녀는 남편과 아이를 봐도 아무런 감흥이 없었습니다. 예전에 자신의 어머니처럼 모성애가 메마른 것이 아닐까 하는 겁도 났지만, 무기력한 그녀는 아이를 돌보는 것도 힘에 부쳤습니다. 남편을 보면서도 거의 웃지 않았고, 자신의 외모도 가꾸지 않았습니다.

X씨는 몸과 마음이 최악인 상태에서도 친정어머니의 식사를 위해 방문했습니다. 그런데 괜스레 반찬 투정을 하고 대변 실수까지 하면서도 뻔뻔하게 말하는 어머니를 보면서 그녀의 신경줄이 뚝 하고 끊어지고 말았습니다. 어머니를 향해 고래고래 소리를 지르며 발을 동동 구르며 화를 냈습니다.

"내가 자존감이 낮은 것은 엄마 때문이야. 엄마 덕분에 난 내가 사랑받을 가치가 없는 더러운 버러지처럼 느껴져!"

고스란히 화를 다 받아내는 병든 어머니의 모습이 마음 깊은 곳에서는 불쌍하다고 여겼으나 X씨의 입은 다물어지지 않았습니다. 결국, 어머니가 마지못해 사과했지만 진정성없는 사과는 불을 질렀습니다. 받아들이지 않는 딸의 태도에 결국 화가 난 친정어머니가 X씨에게 막말과 욕설을 하고 나서야 X씨는 오히려 차분해질 수 있었습니다.

'암, 그렇지. 이렇게 욕설을 하고 악다구니를 써야 우리 엄마지. 왜 지금에 와서 사과하는 거야? 사과하면 뭐가 달라진다고?'

X씨는 계속되는 자기희생을 고귀함, 선함, 이타심으로 포장해 왔습니다. 하지만 그 이면에 깔린 것은 자포자기와 낮은 자존감이었습니다. 그리고 어머니를 향한 끊임없는 증오와 그에 비례하는 애정의 갈구였습니다.

X씨는 결국 잘 자랐고 자식까지 낳은 또 한 명의 어머니가 됐지만 여전히 엄마의 손길을 그리워하는 작은 소녀가 내면에 웅크리고 있었습니다.

지금 와서 늙은 어머니가 용서를 구해도 X씨는 매몰차게 거절했습니다. X씨 같은 사람들은 자신이 사랑받거나 인정받는다고 생각하는 순간 오히려 그 관계를 있는 힘껏 끊어내려 합니다. '행운아'가 되기보다는 '피해자'가 되는 것이 원래의 자신의 모습이라고 느끼기 때문입니다. 익숙한 것을 재현하려는 '귀향 증후군'과도 맞닿아 있는 심리입니다.

X씨는 건강한 관계를 유지하는 기본 요소인 존경, 애정, 신뢰, 소통에 관한 것들이 많이 결핍된 채 자랐습니다. 굴욕적이고, 비판하고, 모욕하고, 상대방에 대한 존경을 보여주지 않는 사람들을 상대하는 것이 더 편했습니다.

자신의 늙고 병든 어머니는 이제는 아무것도 못 하는 무력한 존재일 뿐인데도 X씨의 마음속에서는 여전히 거대한 그림자처럼 자리하여 그녀의 무의식을 지배하고 있었습니다.

늘 어머니와의 관계에서 약자였던 X씨는, 어머니를 닮아 다른 이에게 억압적인 주변 사람들(예를 들면 신입 간호사에게 '태움'을 하던 동료 간호사들)을 증오의 대상으로 치환한 것입니다. 그녀는 잘못된 관계의 축을 바꾸려고 들지도 않습니다. 노력한들 그들(친정어머니와 동료간호사들)은 결코 변하지 않을 거라고 지레 겁을 먹거나 체념했기 때문입니다.

정당한 분노는 해소돼야 합니다

정당한 이유에서 화를 냈는데 오히려 욕을 먹고 그 분노가 원치 않는 방향으로 해소되거나 혹은 해소 자체가 안 되면 사람들은 무기력감에 빠질 수밖에 없습니다.

분노 중에서는 이해받을 수 없는 분노와 정당한 분노가 있습니다. 정당한 분노를 무시하거나 부당하게 억누르려는 이들을 경계해야 합니다. 정당한 분노를 분노라 말하지 못하게 하는 사람들에게는 돌이라도 던져서 응징해야 합니다.

그렇다면 정당한 분노는 보통 어떤 식으로 해소돼야 할까요?

정당한 분노는 '용서'로 해소되기도 합니다.

누군가가 자신에게 행한 잘못으로 인해 크게 분노해 본 적이 있는 사람들은 알 겁니다. 그 분노가 오랜 시간 지나도 사그라지지 않을 때 상대에 대한 미움의 감정은 점점 커지고 오랫동안 그 시한폭탄을 가슴에 품다 보면 많은 심리적 에너지를 소모하게 합니다. 용서는 상대방이 아닌 내가 살기 위해서 행해야 할 결단이 될 때도 있습니다.

관계를 끊으면서 분노를 해소할 수도 있습니다.

보통 사람들은 혼자 있는 것을 두려워하기 때문에 이별하는데 어려움을 겪습니다. 혼자가 되는 것이 두려워 자신들의 마음을 속이며 무기력한 채 관계에 끌려다닙니다. 버리지 못하는 나쁜 상대방은, 버림받아서 혼자 있는 것을 더 두려워하는 당신이 붙들고 있는 미련의 산물일 뿐입니다.

당신이 할 수 있는 최선은 자신을 속이지 말고 객관적으로 사물을 보는 겁니다. 당신의 관계를 잘 관찰할 필요가 있습니다. 일단 그렇게 하고 나면, 관계를 유지하든지 혹은 관계를 끊든지 단호한 결정을 내릴 수 있습니다.

X씨는 친정어머니의 병구완을 전문가에게 당분간 맡길 예정입니다. 똑같은 상처가 있는 남동생에게 맡길 수도 없는 노릇이었으니까요.

그런 식으로 어머니에게 서로 안 보는 시간을 갖기를 원한다고 말했습니다. 자신이 좀 더 성숙하고 어머니를 이해하고 용서할 때가 오면 자연스레 만나고 싶다고 말했습니다. 그 외 원조는 여전히 가능하지만, 그것은 한 인간에 대한 연민일 뿐이며 부모를 사랑하는 자식의 마음은 아니라고 확실하게 말해 뒀습니다.

보통 오랜 상처를 준 사람들은 자신의 행동이 상처를 줄 수 있다는 것을 잘 모르거나 도외시하는 경향이 짙습니다. 자신에게 "배은망덕한 년!"이라고 욕하는 어머니를 보면서 X씨는 죽을 때까지 어머니가 변할 일은 없을 거라고 확신했습니다.

다만 그것을 받아들이는 X씨의 마음은 이제 변했습니다.

병원에서 태움을 당한 피해 간호사와 함께 정식으로 직장 내 갑질 신고를 했습니다. X씨는 재판이 진행되는 내내 피해 후배 간호사를 위한 모든 증언에 나섰습니다. 더는 그녀를 괴롭히던 악의에 찬 사람들을 견딜 내성은 그녀에게 사라졌습니다.

어느 정도 시간이 흐른 후, 비록 그녀는 자신의 상처는 여전히 우둘투둘 남아 있지만 그 밑에 흐르던, 진물이 넘치고 피고름이 가득 찬 종기의 뿌리가 뽑혀 나갔음을 깨닫게 됐습니다.

단단한 보호막 같은 새살이 돋고, 면역력이 강한 사람이 되면 X씨는 다시 어머니를 만나러 갈 생각입니다. '용서'는 그때 가서 다시 생각할 예정입니다.

쓸데없는 걱정이 꼬리에 꼬리를 물고 나와서
너무 힘들다고요?
그렇다면 당신은 램프 증후군에 빠져 있군요!

『알라딘과 요술 램프』이야기 속에는 요술 램프를 닦으면 램프 요정이 나와 주인의 소원을 들어줍니다. 하지만 현대 심리학에서 이 램프는 좋은 의미로 인용되지 않습니다.

'램프 증후군(Lamp syndrome)', 일명 '과잉 근심 증후군'은 무슨 소원이든 들어주는 램프를 한 번만 닦을 수 없는 것처럼 걱정을 만들어 주는 램프를 계속해서 닦아 쓸데없는 걱정이 꼬리에 꼬리를 물고 피어나게 하는 겁니다.

현대인의 램프 증후군에 대해 미국 심리학자 어니 젤린스키가 이렇게 말했다고 합니다.

"우리가 하는 걱정의 40%는 절대 현실에서 일어나지 않는 일에 대한 것이고, 30%는 이미 일어난 일에 대한 것이고, 22%는 사소한 일에 대한 것이고, 4%는 우리 힘으로는 어쩔 도리가 없는 일에 대한 것이며, 오로지 4%만이 우리 힘으로 바꿀 수 있는 일이다."

<u>뒤끝</u>이 없다는
<u>거짓말</u>

"사람의 인생이란 반드시 대단히 특별하거나,
엄청나게 드라마틱한 사건에 의해서만 바뀌는 건 아니다.
때론 아주 작고 사소한 것들이 생각보다 강렬한 힘으로
우리의 삶을 크게 뒤흔들어 놓기도 한다."

– 드라마 [서른이지만 열일곱입니다] 대사 중에서 –

뒤끝 없다는 사람을 특히 조심해야 하는 이유

T부장은 본인 입으로 자신이 참 뒤끝이 없는 사람이고 말하는 사람입니다. 그가 그렇게 말하는 건 어쩌면 다 옳을지도 모릅니다. 그는 뭔가 기분이 안 좋을 때면 부하직원에게 에누리 없이 다 쏟아붓는 스타일의 소유자입니다.

뒤끝이 있으려야 있을 수가 없을 만큼 모조리 다 들이붓는 그의 별칭은 '입으로 똥을 싸는 뒤끝의 끝판왕'이었습니다. 불을 뿜듯이 화내는 모습 때문에 '드부'라는 약칭도 있습니다. '드래곤 부장', '드러운 부장'의 줄임말이었습니다.

그는 뾰로통한 기분을 마음속에 조심스레 담아두는 법이 없습니다. 하고 싶은 대로 다 하고 모두 내뱉어서 T부장의 속은 후련해졌는지는 몰라도, 주변 사람들은 이미 폐허가 된 허허벌판에서 그가 깨트려버린 감정의 파편에 여기저기 찔려서 피를 철철 흘리며 나뒹굴고 있습니다.

그렇게 자신의 호통을 듣는 부하직원에게 모조리 털어냈기에 누군가로 인해 그의 가슴에 응어리가 진다는 말은 어불성설일 것입니다.

그가 쏟아내는 부정적인 감정의 에너지가 강할수록, 또한 쏟아내는 방식에 거리낌이 없을수록 그 파급력은 대단합니다. 그렇게 감정적이고 충동적인 화를 내는데 주변 사람들도 가만히 무시하고 넘어가기가 쉽지 않습니다.

그는 직장 내 사람들 특히 부하직원들에게는 씻을 수 없는 내적 트라우마를 남겼습니다. 하지만 무소불위의 그를 막을 수 있는 사람들은 없었습니다.

그런데 더 기가 막힐 일이 있습니다. 그렇게 해놓고는 그는 아무런 일도 없었다는 듯 정말 뒤끝이 없는 사람처럼 호인같이 웃으면서 다가온다는 것입니다. 가슴이 너덜너덜해진 사람들은 그렇게 다가오는 그가 너무도 두렵습니다. 속된 말로 미친 상또라이가 따로 없습니다.

사람을 마치 쓰레기통 취급하면서 그토록 몹쓸 감정들을 마구 버렸던 사람이 안면 몰수하고 부탁하거나 칭찬의 말을 할 때면 살이 다 떨릴 지경이었습니다. 그래서 좀 꺼릴라치면 T부장은 매우 의아하다는 듯이 이렇게 쐐기 박는 말을 합니다.

"이미 그 일은 다 끝났는데 이거 왜 이래? 난 정말 뒤끝 없는데 당신들은 왜 그래?"

본인만 상황이 끝났을 뿐, 아직도 다른 사람들은 T부장이 던진 감정의 파편에 맞아 난 생채기에서 계속 피가 흐르고 있는데 말입니다.

쓰나미가 휩쓸고 간 사무실 분위기를 원래대로 돌리려고 애를 쓰고, 그 황폐한 현장을 복구하기 위해 노력하는 건 늘 T부장 주변 사람들입니다.

그 곁에서 유유자적 웃고 있는 저 면상이 그런 주변 사람들의 감정 노동 덕분에 유지될 수 있다는 것을 본인만 모릅니다. 그래도 상관은 없겠죠. T부장은 이 회사에서 의외로 매우 잘나가는 유능한 상사입니다. 아마도 T부장은 퇴직할 때까지 모를 것입니다.

어쩌면 T부장의 지랄 풍년은 주변 사람들이 상처받은 채로 견뎌주고 수습을 해주니까 가능한 것들이었는지 모릅니다. T부장이 쌓아 올렸다고 믿는 직장 내 인간관계는 그에게 상처받은 사람들의 노력 덕분에 겨우 복구된 것일지도요.

오늘도 T부장이 뒤끝 없이 외면해 버린 재난 현장에서 묵묵히 파편을 줍고 있는 동료직원과 부하직원들에게 박수를~ 짝짝짝!

온순한 사람들의 뒤끝은 분출형이 아니라 침윤형입니다

뒤끝은 좋지 않은 감정이 있은 다음에도 여전히 남아 있는 감정을 뜻합니다. '뒤끝 있는 사람', '뒤끝 작렬'과 같은 표현은 안 좋은 표현으로 사용됩니다. 뒤끝이 없을수록 '쿨하고 관대한 사람', 반대로 뒤끝이 강하면 '속 좁은 사람'으로 비칩니다.

뒤끝도 사람마다 그 정도와 조건이 다릅니다. 단순히 불편한 감정이 남아 있어서 툴툴거리는 사람이 있다면, 정말 당시 상황이 다시 재현된 것처럼 분노를 표출하는 사람이 있습니다.

뒤끝이 아예 없다는 것이 무조건 좋은 것만은 아니라는 것을

T부장의 사례를 보면 알 수 있습니다. 그러나 그처럼 분노했던 것을 그 자리에서 다 털어버릴 정도로 분노의 감정을 전부 폭발시켜버리는 식의 뒤끝 없는 타입이라면 많이 곤란합니다.

분명 온순한 사람 중에서 뒤끝 있다고 말을 듣는 사람들도 있습니다. 하지만 이들의 뒤끝은 T부장의 뒤끝과는 태생적으로 결이 달라도 한참 다릅니다.

평상시에 유하다는 것은 둥글둥글하게 잘 지낸다는 것인데 이들은 자기가 뒤끝이 있다는 것을 스스로 인정하지 않거나 인정하더라도 최소화하려고 노력하는 사람들입니다. 다만 그들도 사람인지라 화를 삭이려 노력했지만 삭혀지지 않아 나오는 '소심한 뒤끝'이죠.

그들은 표현을 절대 먼저 하지 않고 행동이나 표정으로 드러냅니다. 거슬리는 부분이나 거슬리는 사람을 계속 속으로 잘근잘근 곱씹는 성향이 강합니다. 기본적으로 그들의 뒤끝은 '분출형'이 아니라 '침윤형'입니다.

기본적으로 남에게 피해를 주지 못하고 거절하지도 못하는 착한 유형은 나만의 만족감을 찾아서 '그래도 이렇게라도 갚아줬어!', '남들은 잘 모르지만 나는 복수했다. 만족해'라며 소심하게 위안을 삼습니다.

온순한 사람들은 상대방에게 서운한 감정이 들어도, 상대방이 자신에게 무언가 실수를 했어도 그걸 바로 말하지 못합니다.

그렇다고 쿨한 사람들도 아닙니다. 속에 담아두는 감정, 거절하지 못하면서 찝찝한 감정, 억울해서 미칠 것 같은 감정, 여러 감정으로 평상시에도 곱씹어지는 생각으로 일상생활에도 지장을 받고, 삶의 만족감도 현저하게 떨어질 만큼 소심합니다.

사람이라면 감정을 해소해야지만 온전히 살아갈 수 있는 원동력이 생기는데 계속 이상한 감정들이 내 안에 자리를 잡고 있으니 이걸 풀지 못해 결국 뒤끝이 존재하게 되는 겁니다.

자신에게 먼저 솔직하고 상대방한테도 솔직하게 말하는 '현명한 뒤끝'을 자주 부릴 필요가 있습니다.

알고 보니 뒤끝 있는 사람들, 그들의 옆에서 생존하려면… TIP

"난 뒤끝 없어!" 하는 사람 중에 가짜인 사람들이 많습니다. 진짜 뒤끝이 없는 사람들은 자기가 뒤끝 없다고 본인 입으로 말하지 않습니다.

순순히 뒤끝 없다고 말하는 사람들은 마음속에 감정 거름막이 없는 사람, 찝찝한 감정이나 불편한 감정 따위는 절대 품지 않는 사람, 그래서 그 감정 폭발에 대한 대가를 상대방에게 토스하는 사람이라는 특징을 갖고 있습니다.

오로지 자신의 감정이 중요하기 때문에 상대방 감정은 무시한 채 본인의 감정에 대해 아무런 여과 없이 즉흥적으로 마구마구 쏟아냅니다. 그렇게 자신의 감정을 전혀 숨기지 않고 다 드러내기 때문에 마음속에 남는 것도 없고 본인 스스로 아쉬움이나 후회도 없습니다. 하지만 상대방으로서는 이토록 당혹스러울 때가 다시 없습니다.

상대방을 배려할 줄 아는 사람은 최대한 상대방에게 피해가 가지 않도록 합니다. 설령 그 사람이 잘못했거나 사고를 쳤을 때도 공개적으로 면박을 주거나 항의하는 행동은 하지 않습니다.

자신의 감정 처리 방식이 누군가에게 폭력이나 민폐가 되지 않도록 조심에 조심을 거듭합니다. 만약 자기 자신이 소화해야 했던 용량의 감정에 책임을 다하지 못해서 미숙하게 분노를 폭발시켰고, 그로 인해 누군가가 상처를 입었다면 이러한 일이 되풀이되지 않도록 뼈를 깎는 노력을 합니다.

이렇게 타인을 배려하는 좋은 사람들은 분노를 마구 폭발하는 못된 사람들을 이길 도리가 없습니다. 그래도 그들의 곁에서 살아남을 수 있는 현실적인 팁이 있으니 알아두면 유용합니다.

먼저 갈등 혹은 분쟁을 피할 수 있다면 피하는 것이 좋습니다.

뒤끝 있는 사람들과 갈등을 빚는 상황 자체를 피하는 게 좋습니다. 이는 비겁한 '회피'가 아니라 현명한 '자기 보존'입니다. 상대의 특성을 파악했음에도 구태여 그 회오리 안으로 자기 자신을 던질 필요가 없습니다. 뒤끝 있는 사람들의 행동과 패턴을 잘 분석해서 그의 뒤끝을 터뜨리게 만드는 기폭장치를 누르지 않도록 미리 조심할 필요도 있습니다.

상대방의 분노에 영혼 없이 공감해 주는 것도 한 방법입니다.

우선 상대가 욱할 때는 이성적인 대화도, 원칙도 통하지 않습니다. 우선은 치사하더라도 가장 신속하게 수습되도록 그의 감정에 수긍해 주는 것도 나쁘지 않습니다. 특히나 분노라는 감정은 주변으로부터 인정만 받아도 한결 나아지는 습성이 있습니다. 그의 감정에 장단을 맞춰준다고 해서 그게 꼭 굴종일까요? 영혼 없는 호응만 해도 폭발의 수위를 낮추거나 설령 폭발해도 그 파편을 피하는 데 도움이 될 것입니다.

하지만 상식적으로 도저히 이해되지 않는 분노라면 냉담하게 대하거나 떠나야 합니다. 애써 다가가서 공감해 주다가 애먼 상처를 입고 소중한 감정에 생채기가 날 이유는 전혀 없습니다.

어느 한 학생의 입시 실패를 해결하기 위해 각 분야 전문가를 불러 모았습니다. 입시 컨설턴트들은 길고 열띤 토론을 벌였습니다. 하지만 결국 해결책은 미궁에 빠졌습니다.

전문가들은 학생이 입시에 실패한 원인을 진로 탐색 정보 부족, 심리적 불안, 가정 문제, 이성 교제로 인한 방황 등으로 다 자기중심적으로 인식했습니다.

그런데 의사가 상담 중 알아낸 입시 실패 원인은 그 학생이 지독한 아토피 피부질환 때문에 공부에 집중할 수 없었다는 사실이었습니다.

미국 철학자 에이브러햄 캐플런은 "어린아이에게 망치를 주면 두드릴 수 있는 모든 것을 찾아다닐 것이다."라고 했습니다. 그리고 심리학자 에이브러햄 매슬로우는 "가진 연장이 망치밖에 없다면 모든 문제를 못으로 보게 된다."라고 말했습니다.

'망치 증후군'이란 심리학 용어는 망치를 들면 모든 게 못으로 보인다는 것으로 특정한 가치관이나 편견에 따라 현실을 재단하는 습성을 잘 표현한 말입니다. 모든 일을 자신의 관점으로 해석하다 보면 이렇게 편향적 사고에 쉽게 갇히게 됩니다.

Let's not do it

❶ 일방통행적인 착한 사람은 되지 않기로 해요!

❷ 나의 성공을 다른 사람들 덕분이라고 생각하지 않기로 해요!

❸ 화가 날 때 억지로 참거나 제거하려 애쓰지 않기로 해요!

❹ 관심과 인정을 받기 위해 내가 아닌 착한 사람은 되지 않기로 해요!

❺ 필요한 걱정은 하지만 쓸데없는 걱정은 하지 않기로 해요!

❻ 정당한 화도 내지 못하는 가짜로 쿨한 사람은 되지 않기로 해요!

호구의 탄생

PART 4

호구의
매운맛

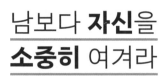

남보다 **자신**을
소중히 여겨라

"복잡하게 생각할 거 없어.
먹고 싶은 건 먹고 하고 싶은 일은 하고
좋아하는 사람은 좋아하고 그냥 그러면 되는 거야."

– 드라마 [알고 있지만] 대사 중에서 –

온순하지만 한 성격 하는 사람들

원래 착한 사람이 화나면 더 무섭다는 소리는 수식어 하나가 더 빠져 있습니다. '자기 존중감이 강한' 착한 사람이 화나면… 으로 바뀌어야 합니다.

호구가 아니라 매력 있는 착한 사람들은 자기 고집이 있습니다. 다른 이에게 흔들리지 않는 마음의 심지가 굳건합니다. U대리가 바로 온순하고 침착한데 알고 보면 한 성격 하는 사람이라고 할 수 있습니다.

직장에 들어온 지 얼마 안 되는 신입 후배인 U대리는 성격이 온순한데도 뭔가를 쉽게 부탁할 수 없는 아우라를 갖고 있습니다. 친근하고 선해 보이는데 결정적인 순간에는 똑 부러지게 이성적으로 변합니다.

U대리처럼 무른 듯해도 자기 경계선을 잘 치는 사람들은 뭔가 잘못 건드리면 안 된다는 위기감을 느끼게 합니다. 뭔가 함부로 대할 수 없는 분위기로 돌변합니다.

직접적이거나 막무가내로 강한 성정을 드러내는 것도 아닙니다. 누가 봐도 불의한 일임이 명확하거나 본인이 친절하게 잘 대했는데 드세거나 사나운 사람이 건드리려고 하면 말도 몇 마디 하지 않고 조용히 강한 기운을 표출하여 제압합니다.

저도 많이 부러워하는 유형의 사람인데 U대리처럼 온순하고 침착한 사람 중에서도 의외로 성격이 꼿꼿한 사람이 있습니다. 가만히 보면 그런 사람들은 자존감이 매우 높습니다.

간혹 자기 필요한 정보만 쏙 빼가든지, 조직 안에서 한 사람을 호구 잡아 부리려 들든지 하는 사람이 모임 속에 있을 때 흑기사처럼 적절하게 제동을 걸어주기도 합니다.

그들에게는 나이나 직위에 상관없이 누구한테 휘둘리지 않고 남의 시선을 두려워하지 않는 내공이 있습니다. 부당하거나 약자에게 무례한 행동을 하는 사람을 그냥 두지 않습니다. 그것이 딱히 자기와 관련된 일이 아니더라도 합니다. 본인 가치관이 매우 뚜렷해서 누군가로부터 욕먹는 것도 전혀 두려워하지 않습니다.

그들이 온순해도 호구가 되지 않는 이유는, 남들을 도와주는 와중에도 자신이 가장 중요한 존재임을 한시도 잊지 않고 마음에 새기기 때문입니다. 자신을 소중히 여기는 사람한테 대가도 지불하지 않은 채 이래라저래라 뭔가를 요구할 사람들은 없습니다.

호구가 가장 신경 쓰지 않는 단 한 사람, 바로 자신

그런데 호구인 사람은 다릅니다. 퀴즈를 하나 내자면, 모든 사람을 배려하는 호구가 이 세상에서 가장 신경 쓰지 않는 사람은 누구일까요? 이 세상에서 '전 좀 손해를 입어도 됩니다.'라고 생각하는 사람은 누구일까요? 어쩌면 단 한 사람일지도 모릅니다.

바로, '자기 자신'입니다.

같이 있는 사람이 기분이 안 좋아 보여 어떻게든 웃게 해 주려고 노력하면서도 상대방의 불편한 심기와 짜증 내는 표정에 상처 입는 당신의 마음은 왜 돌아보지 않을까요?

주위에서 분위기가 가라앉은 때 '내 탓인가?' 하고 초조해하는 당신은 왜 다른 사람들 역시 이 어색한 분위기에 책임이 있고 분위기를 풀어야 할 또 다른 주체라는 사실을 망각하고 있을까요?

자기 자신을 너무 하찮게 취급하는 것은 명백하게 불공평한 일입니다. 섬세해서 쉽게 상처받는 마음을 가진 사람일수록 자기 자신에게는 불친절한 모습을 보이는 경향이 있습니다.

왜 자신에게는 불친절할까요?

호구들은 자신이 이렇게 취급받는 이유가 다 자신의 성격 탓, 내 탓이라고 생각합니다.

이런 편견은 지금껏 겪었던 실패 경험을 지나치게 심각하게 받아들인 탓에 생깁니다.

호구들이 딱히 실패라고 여겨지지 않는 실수까지도 경험을 지나치게 확장해 '나는 늘 그래. 항상 이런 식으로 실수하고 말아. 그래서 실패는 따 논 당상이지!'라고 생각해 버립니다. 전형적인 '왜곡'입니다.

이것은 '감정', '생각', '사실'로 구분하지 않고 '감정과 생각'을 무의식적으로 '사실'로 받아들일 때 빠지는 함정입니다. 이것을 구분하지 못하면 쉽게 사실을 왜곡하고 통제력을 잃어버립니다.

그리고 상황이나 감정에 압도됩니다.

우리는 보통 어떤 사실(상황, 사건)이 우리의 감정(느낌)을 만든다고 생각합니다. 그래서 그런 감정을 극복하기 위해서 사실을 변화시키려고 합니다. 하지만 세상을 살면서 사실을 변화시키는 것은 매우 힘듭니다.

이미 일어난 상황이나 사건을 어떻게 변하게 만들 수 있을까요? 이미 우리 통제 밖에 있는 상황입니다. 이렇게 사실이 변하지 않으니 결국 감정도 변하지 못합니다.

이걸 알아야 합니다.

감정을 만드는 것은 생각입니다. 같은 사실(상황, 사건)이라도 그것을 어떻게 생각하느냐에 따라 직면하는 감정은 달라집니다. 우리는 사실에 대한 생각을 바꿔서 감정(느낌)을 변화시키고, 반응과 행동을 변화시키는 것이 효과적입니다.

예를 들어볼까요? 공무원 시험공부에 돌입하면서 노량진 고시촌에 들어갔던 한 여성이 있습니다. 그녀에게는 오래 사귀었던 남자친구가 있습니다. 2년 동안 이어진 그녀의 공부 기간을 묵묵히 기다려 준 남자였습니다.

어느 날, 간만에 휴강이 돼서 남자친구에게 전화를 합니다. 갑작스런 데이트 신청에 기뻐할 것이라고 생각했는데… 그런데 남자친구가 마침 그날 약속이 있다며 미안하지만 못 만나겠다고 얘기합니다. 그녀는 기분이 상합니다. 그리고 생각합니다.

'그래! 우리 자기랑 공부 핑계로 너무 오랫동안 못 만났었지. 내가 좀 무심했어. 뭐 약속이 있다는데 뭘 어째? 그런데 혹시… 그래서 다른 여자 만나려고 나가는 것 아니야? 아, 뭐야? 기분 나빠. 내가 간만에 전화까지 했는데… 그 놈의 약속이 중요해? 나는 자기가 만나자고 하면 공부도 다 미루고 만나줬는데… 진 짜 다른 여자 생긴 거 아니야? 어떡하지? 내가 잘못했네. 그동 안 소홀하게 대했던 걸 사과해야겠다.'

여기에서 '사실'은 오랜만에 만나자고 한 남자친구가 선약을 이유로 거절한 것이고, 그래서 든 '생각'은 오랫동안 소홀히 해서 화가 났을까 하는 의심과 내가 사과해야겠다는 다짐이고, '감정' 은 그동안 못 만났던 것에 대한 미안함과 그래도 만나지 못하는 것에 대한 짜증, 우울함입니다.

자, '감정'을 바꾸고 싶어서 '사실'을 바꾸어 들면 어떻게 되는 지 볼까요?

남자친구에 대한 미안함과 화가 난 '감정'을 극복하기 위해서 이미 남자친구가 확정한 선약이라는 '사실'을 변화시킬 수는 없 는 노릇입니다. 그렇게 되면 남자친구와의 관계도 악화될 수 있 습니다. 이미 내 수업이 휴강 되기 며칠 전부터 정해진 남자친구 의 선약은 내가 어떻게 하면 안 되는(해도 되겠지만 또 미안해지는) 통제 밖의 상황입니다. 이렇게 '사실'이 변하지 않으니 미안하고 화가 난 내 '감정'은 그대로 남아 있습니다.

그렇다면 이제는 '생각'을 바꿔볼까요?

어차피 정해진 남자친구의 선약을 알게 된 후 이렇게 생각합니다.

'아, 그렇지. 휴강이 난데없이 생겼는데 내가 갑자기 데이트하자고 하니까 당황스러웠겠다. 뭐 오랜만에 우리 자기도 친구들 만날 수 있지. 나는 나대로 스트레스 풀어야겠다. 아, 유정이도 수업 쉬니까 간만에 노래방에 가서 목이나 풀까?'

이렇게 '생각'을 바꾸면 지금 여자친구의 감정은 어떤 상태일까요? 맞습니다. 남자친구를 못 만나는 것은 서운하지만 갑자기 느끼게 된 자유로움과 친구랑 놀 생각에 기분 좋은 흥분까지 느낄 수 있을 것입니다.

이처럼 자력으로 해결할 수 있는 일과 해결할 수 없는 일을 잘 구분만 해도 비합리적인 감정들—예를 들면 타인에 대한 의존감, 과도한 의심과 집착, 서운함, 굴욕감 등—에서 쉽게 벗어날 수 있습니다.

내 마음을 잘 다룰 수 있게 되면 인생에 대한 통제력이 생기고 삶에 대한 자신감이 높아집니다. 나에게 너그러워지고 타인에게 관대해지고 인생은 부드러워집니다.

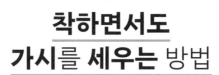

착하면서도
가시를 세우는 방법

"악마는 악마가 상대해야죠."

– 드라마 [펜트하우스] 대사 중에서 –

소심한 사람들의 필살기 '수동 공격'

안드레아 브랜트의 『소심한 공격자들』이라는 책에서 사람들이 자신에게 힘이 없다고 생각할 때, 혹은 자신이 힘을 사용하면 나쁜 결과로 이어진다는 두려움이 들 때 사용하는 대응 방식인 '수동적 공격성(passive aggression)'에 관한 설명이 나옵니다.

사람을 살살 놀리거나, "못 들었어", "잊어버렸네, 미안!", "네가 저번에 그렇게 말해서 내가 이렇게 말한 건데?", "당신이 말하지 않으니까 모르지"라며 교묘히 엿을 먹이거나 남 탓을 하면서 자신의 분노를 소심한 방식으로 당한 대로 돌려주는 사람들이 있습니다.

심리학자들은 이런 소심한 수동 공격자들 역시 대놓고 화내는 사람들 못지않은 깊은 상처를 타인에게 준다고 말합니다. 그들의 방식을 정리하자면 다음과 같습니다.

누군가가 당신이 한 부탁을 자꾸만 잊습니다.
누군가가 농담인 척 상대방의 자존심을 건드립니다.
누군가가 해결해야만 하는 문제를 자꾸 회피합니다.
누군가가 당신에게 자꾸 자존감을 상하게 하는 말을 반복합니다.

말을 알아듣지 못한 척 직장, 조직 내의 누군가를 무시합니다. 지시를 못 알아들은 척 상사를 멕입니다(?). 대화로 문제를 해결하는 대신 침묵하며 회피합니다. 의도적으로 일을 지연합니다. 애매하고 교묘하게 적대적이지 않은 방식으로 분노를 표출합니다.

이런 식으로 하는 공격은 최소한의 생존 본능처럼 여겨져서 과도한 비난을 살 일도 없습니다. 직접 드러내놓고 화내는 것이 아니니 인격적으로 모욕감을 느껴도 싸움 걸기가 애매합니다. 상대방이 화를 내면 왜 화를 내는지를 모르겠다면서 분노의 결과에 대한 책임도 지지 않습니다.

책에서는 비단 어른들만 이런 수동적 공격성을 쓰는 것은 아니라고 말합니다.

아이 중에는 양육자인 엄마의 말을 못 들은 척하거나, 엄마가 자신을 혼내지 못하도록 갑자기 웃거나 아픈 척하며 엄마의 에너지를 의도적으로 차단하는 수법을 쓰는 경우가 있습니다. 이런 아이의 태도에 생각 외로 양육자가 심리적으로 큰 상처를 받을 수 있다고 합니다.

큰 소리를 내지 않는다고 그 언쟁에 강력한 한 방이 없다고 절대 말할 수 없습니다.

소심한 사람도 강력한 한 방을 갖고 있을 수 있습니다. 말랑말랑해 보이는 사람도 타인을 향해 강력하게 찌를 수 있는 필살기 하나쯤은 갖고 있을 수 있습니다. 그들은 소심하지만 의외로 '영악하고 인내심이 긴 복수자'가 될 수 있습니다.

나를 공격하는 사람들에게는 가시를 세우세요!

그리스 스토아 철학자 세네카는 "불의를 당한 사람은 불의를 행한 사람에게 화를 내도 된다."라고 말했습니다.

내게 부당한 해를 끼친 사람에게는 화를 내도 된다는 등가의 분노를 인정한 명언입니다. 이와 비슷한 말로는 "악마를 상대하려면 악마가 돼야 한다."라는 말도 있습니다.

일견 당연한 이야기처럼 보이지만 잘 알다시피 착한 사람들에게는 절대 쉽지 않은 이야기죠. 그럼에도 불구하고 착한 사람들도 '가시'를 세워 못된 사람들을 공격하는 방법이 있습니다. 그들을 닮아 온순한 방법이지만 그런데도 강력합니다.

인내할 수 있는 한계선을 설정하고,
필요하면 상대방에게 알려주세요!

혹시 무조건 다른 사람을 먼저 배려하는 것을 선량함이라고 생각하고 있나요? 자기 이익을 포기하고 참고 견디면 상대가 감동하리라 생각하시나요? 그토록 순진하게, 이토록 무력하게….

그것은 아주 큰 착각입니다. 최소한의 기준조차 없는 선량함과 양보는 당신 자신을 학대하는 것이나 다름없습니다. 상대에게 당신을 이용해도 좋다는 '시그널'을 주는 셈이기 때문입니다.

만약 당신이 상대와 잘 지내고 싶다면 무조건 참고 끌려다니지 말고 당신이 인내할 수 있는 한계선을 명확히 알려야 합니다.

만약 상대도 당신과 잘 지낼 마음이 있다면 그 한계선을 존중할 겁니다. 그 한계선을 지키지 않는 사람은 버려도 됩니다. 더 나은 방향으로 관계가 발전하기를 원하지 않는 사람이기 때문입니다.

관계를 맺는 것은 장사꾼의 흥정처럼 하세요!

처음에는 에누리도 없다는 식으로 깐깐하게 굴고, 나중에는 마수걸이 손님에게 대범하게 깎아주는 장사꾼처럼 굴어야 합니다. 즉, 처음부터 내가 가진 호의의 패를 다 보이지는 말아야 합니다.

"호의가 계속되면 권리인 줄 안다."라는 말이 있습니다. 처음에는 선의로 부탁을 들어줬어도 그것이 계속되면 당연히 내가 해야 할 일인 것처럼 된다는 뜻입니다.

내 일이 아닌데도 당연히 내가 해야 할 일인 것처럼 분위기가 조성되었을 때 비로소 불만을 터뜨리면 결국 상대도 나도 마음이 상하고 마는 이상한 상황이 벌어지게 됩니다. 사적이든 직장에서든 뒤탈 없는 인간관계를 만들려면 처음에는 깐깐하게 굴고 나중에는 대범하게 마음을 드러낼 필요가 있습니다.

다소 까다롭게 보일지라도 초반에 미리 당신이 원치 않는 상황과 반드시 지켜줬으면 하는 점들, 도움을 청하고 받는 범위 등을 솔직히 밝히는 것이 좋습니다. 하기 싫은 일을 억지로 해가며 다른 사람의 비위를 맞추는 것은 선한 것이 아니라 유약하고 어리석은 것일 뿐입니다.

마음은 친절하게, 그러나 태도는 단호하게 하세요!

　새로운 사람을 사귀고 처음부터 잘해 줬더니 그 사람이 오히려 당신을 막 대했던 경험이 누구에게나 다 있을 겁니다. 이때에도 당신이 계속 잘해 줬다면 상대방은 그것이 당연한 줄 알고 계속해서 당신을 막 대할 겁니다.

　'행동의 연쇄반응'이 있습니다.

　즉, 행동은 다음 행동에 영향을 줍니다. 그러므로 손을 내밀어 줄 때는 재지 말고 내밀더라도 반격해야 할 때는 확실히 반격해야 합니다. 늘 당하던 사람이라도 한 번만 제대로 반격한다면 이후에는 당신을 괴롭히는 빈도가 현저히 줄어들게 될 겁니다.

　만약 당신이 반격하는 데 어려움을 겪는다면 공수를 전환하면 됩니다. '수동적 공격성'과 '능동적 공격성'을 번갈아 하면 바보나 사이코패스가 아닌 이상 당신의 저항을 알아채고 자제할 것입니다.

호구 잡히지 않고
성공하기

"뭔가 하고 싶다면 일단 너만 생각해.
모두를 만족시키는 선택지는 없어."

– 드라마 [미생] 대사 중에서 –

호구의 탄생

기버(Giver)와 테이커(Taker)의 우월관계

여러분들은 축의금이나 조의금으로 5만 원을 받았다면 다음에 비슷한 경조사가 그 상대방에게 일어났을 때 얼마나 경조비를 하나요?

자신이 가진 부(富)나 심리적 친분에 따라 다소 달라질 수 있겠지만 웬만해서는 아마도 똑같은 금액인 5만 원을 할 가능성이 가장 클 것입니다.

심리학적으로 인간에게는 손실 회피 성향이 있다고 합니다. 이는 자신이 다른 사람보다 조금이라도 손해 보는 것을 웬만한 사람들은 극도로 싫어하게끔 뇌가 설계돼 있다는 말입니다.

그런데 우리가 알고 있고, 이때껏 많이 얘기해 왔던 소위 '호구'라는 사람들은 이 성향의 예외적 존재가 될 것입니다. 문제는 자기보다 남의 이익을 먼저 생각하는 착한 사람은 남에게 이용당해 손해를 보고 심하면 사기를 당하기에 십상인 세상이 되었다는 점입니다.

그렇다면 착한 사람은 결국 '선의', '선함'을 포기해야만 하는 것일까요?

로버트 호만트의 『범죄 희생양의 예측변수로서 위험한 이타주의』라는 흥미로운 연구 논문이 있습니다. 그 논문에 따르면 '기버'는 받는 것보다 더 많이 주고 싶어 하는 '착한 사람', '테이커'는 주

는 것보다 더 받아야만 직성이 풀리는 '이기주의자', '매처(Matcher)'
는 자기가 받은 만큼 주는 사람으로 '보통의 사람'을 뜻합니다.

논문 결과 가장 이익을 보는 사람은 테이커로 나타났습니다.
아무래도 더 받으니까 이익을 볼 수밖에 없겠죠. 하지만 결국 보
편적으로 가장 다수를 차지하는 매처에 의해서 테이커의 평판은
한없이 떨어지고 발전도 없어서 오래 살아남기 힘든 것으로 나
타났습니다.

기버는 아낌없이 자신의 시간과 노하우를 제공하는 사람입니다.
그래서 가난하고 실패한 사람이 가장 많은 그룹이기도 합니다.
통계적으로 평균 수입이 테이커의 평균 수입보다 14퍼센트나 적
고 사기나 범죄에 노출될 확률도 높았습니다.

이 연구에 따르면 사기 피해를 본 적이 있는 미국인들을 분석
한 결과 '기버'가 '테이커'보다 두 배 더 많았다고 합니다.

일의 성과도 기버가 가장 낮았습니다. 생산력도, 학교의 학점도,
영업실적도 가장 부진한 그룹이 기버로 나타났습니다. 그렇다면
가장 성과가 좋은 사람은 어떤 그룹의 사람이었을까요? 놀랍게
도 가장 성과가 탁월한 사람 역시 기버였습니다.

기버가 성공 사다리의 가장 높은 곳과 가장 낮은 곳 모두를 차
지한 것입니다.

성공 사다리의 꼭대기에 오르는 기버와 밑바닥으로 추락하는
기버의 차이점은 호구냐, 아니냐에 있었습니다. 기버는 남에게
베풀되 호구로 이용당하지 않으면 최고의 성공을 거뒀지만, 남

에게 얕보여 호구로 전락하면 밑바닥으로 추락했습니다.

결국, 중요한 것은 선하게 살되 호구가 되지 않는 겁니다.

선하게 살되 호구가 되지 않는 법

보통은 기버로 사는 것이 쉽지 않습니다. 인간인 이상 본전 생각이 안 날 수가 없는 노릇입니다. 내가 준 만큼 되돌아오는 것이 없다면 '기버의 선순환'은 웬만해서는 이뤄지지 않습니다.

그럼에도 불구하고 베풀며 착하게 살면서도 호구가 되지 않는 사람들이 있습니다. 어떻게 그들은 테이커와 매처에 꿀리지 않을 호의와 찬사와 이익을 얻을 수 있었을까요?

그룹 중 테이커가 누구인지 먼저 파악해야 합니다.

기버를 호구로 만드는 사람은 테이커입니다. 매처는 공정함을 중시하기에 받으면 그만큼 돌려주려 합니다. 따라서 호구가 되지 않으려면 누가 테이커인지 알아차려야 합니다.

테이커를 파악하는 건 생각보다 어렵지 않습니다. 자기보다 약자인 사람을 어떻게 대하는지 보면 바로 알 수 있습니다. 테이커는 얻을 것이 있는 사람한테는 다정하게, 얻은 것이 하나도 없다면 냉담하게 대합니다. 조직에서 테이커를 알아보는 방법은 그가 부하직원이나 자기보다 약자인 자들을 어떻게 대하는지를 보면 명약관화입니다.

대화할 때 '나'란 단어를 상대적으로 많이 사용하는지 살펴보세요.

테이커는 가정, 직장, 지역사회 등 공동체보다 늘 자기가 중요하기에 공동체를 포괄하는 '우리'보다 '나'를 강조합니다. 일견 자아가 강하고 자존감이 높은 사람처럼 느껴져 매력을 느낄 때도 있습니다. 하지만 오래 이야기하다 보면 밑천이 드러납니다. 이기적인 논리로 타인을 질리게 만들기 때문입니다.

테이커의 감정이 아닌 생각에 집중합니다.

공감 능력이 뛰어난 기버는 다른 사람을 선천적으로 모질게 대하지 못하는데 이를 극복하려면 상대방의 감정이 아닌 생각이나 이익에 초점을 맞춰야 합니다. 그러면 자기 이익을 희생하지 않고도 상대방이 만족할 만한 방법을 훨씬 찾기가 쉽습니다.

필요할 때 테이커에서 매처로 전환해야 합니다

테이커라면 태도를 기버에서 받은 만큼 되갚는 매처로 전환해야 합니다. 테이커가 내게 손해를 끼쳤다면 똑같이 손해를 입혀도 괜찮습니다. 손해를 끼치고 있는데 계속 감싸주고 받아들인다면 그 즉시 '호구인증' 하는 것입니다.

잘하는 것을 더 잘하면
행복하다

"우리 딱 오늘 하루만 잘 넘겨보면 어떨까요?
그런 날이 쌓이면 결국 좋은 날이 올 것 같은데
우리 같이 힘 내봐요.

– 드라마 [간 떨어지는 동거] 대사 중에서 –

남을 위해 절제하고 노력하며 살았던 그들이 무너질 때

V씨는 오늘도 아이가 아파 응급실로 달려간 사수인 선배 언니가 맡겨놓은 일을 하다가 늦게 퇴근했습니다.

워킹맘인 선배 언니가 늘 아이들 때문에 힘들게 사는 듯해서 V씨는 종종 그녀를 도와줬습니다. 그런데 어느 순간부터 그녀는 자신이 해야 할 기획안 작성을 후배인 V씨에게 마치 당연하다는 듯이 맡겼습니다. 물론 아메리카노 한 잔 정도는 사면서 말입니다.

오늘도 아이가 응급실에 가서 선배 워킹맘의 일을 대신하다가 퇴근했습니다. 뻐근한 목을 풀면서 퇴근하는 지하철에서 인스타그램을 본 V씨. 선배 언니가 뷰 좋은 호텔 방에서 남편과 함께 즐거운 시간을 보내는 사진을 우연히 보게 됐습니다.

선배 언니는 열이 나는 아이와 함께 응급실에 간 것이 아니라 친정어머니한테 아이까지 맡기고 육퇴를 한 채, 자신의 남편과 데이트 중이었던 겁니다.

V씨는 스스로가 한심했지만, 그 선배 언니가 또다시 그런 부탁을 한다면 거절할 배짱이 영 없다는 것을 잘 알고 있습니다. 그 선배 언니의 별명은 '빅 마우스'였습니다. 말발도 세고 사내 인맥도 좋은 그녀의 입담 속에서 자신이 부정적으로 평가될까 봐 두려웠습니다.

사실 아주 가끔은 그 선배 언니가 사내에서 난처한 일이 생길 때 숫기 없는 V씨를 위해 나서준 적도 있었기에 이 '기울어진 운동장' 같은 공생관계를 계속 유지할 필요가 그녀에게도 있었습니다.

V씨는 지쳐서 열까지 나는 이마를 차가운 버스 차창에 힘겹게 기대었습니다. 내일 그녀에게 다시 투하될 다른 사람의 업무를 속으로 가늠하느라 벌써 기운이 빠집니다.

착하고 온순한 사람들은 현실 속에서 많은 것들을 인내하고 감내하는 사람들이 많습니다. 그들은 자신의 안락보다는 가족이나 연인, 친구와 직장동료 등 다른 사람들의 삶을 더 많이 배려합니다.

개중에는 내면이 강해서 그런 와중에도 자신의 삶을 잘 개척하고 영위해 나가는 사람들도 있지만 다른 사람들보다 더 많은 것을 절제하며 살다가 결국은 무너지기도 합니다.

내가 그들을 위해 할애한 시간과 노력이 나를 지치게 하고 고통스럽게 하고 있을 때, 만약 그들이 행복한 모습으로 잘살고 있으면 허탈감과 자괴감에 빠질 수밖에 없죠.

특히 인스타그램 같은 소셜 미디어를 보면 나 말고 다른 사람들은 다 유능하고 행복하고 만사 무탈한 것처럼 보입니다. 비교하고 싶지 않아도 다른 사람이 올린 여행 사진이나 맛있는 음식 사진 등을 보며, 상대적 박탈감을 느끼고 유행에 뒤처져 있다고 우울해합니다.

타인과의 관계를 소셜 미디어를 통해서도 쉽게 맺는 젊은 사람들이 특히 다른 사람의 현실과 자신의 모습을 쉽게 비교하면서 스스로를 비참해하는 경향이 많습니다. 알고 보면 그 모습은 그들의 일부일 뿐인데도 불구하고 제대로 알지 못하는 다른 사람의 현실을 자신과 비교하며 한탄하는 셈입니다.

'나는 이렇게 사는데 왜 그들은 행복할까요?'

'내가 그토록 참으며 노력했던 것들은 무슨 의미가 있을까요?'

잘하는 것을 더 잘하고, 의도적으로라도 행복해하면 진짜 행복해집니다

남들에 비해 자신이 가진 성격으로 인해 손해 보고 사는 것 같은 자괴감이 느껴질 때 어떻게 하면 이런 개미굴 같은 감정의 고통에서 벗어날 수 있을까요?

자기만의 삶의 방식과 성격이 있다는 것을 인정합니다.

'인정'을 하면 '안정'을 얻을 수 있습니다. 성격을 당장 고칠 수는 없습니다. 대신 회복력, 자기 효능감, 활력과 같은 긍정적인 정서를 올릴 수 있는 것들을 시작하는 것도 좋습니다. 생각 외로 우리가 할 수 있는 일이 많이 있습니다.

착한 사람이 한순간에 모진 사람이 될 수는 없습니다. 하라고 등 떠밀어도 쉽게 하지 못합니다. 그렇다면 자신의 성격을 인정하고 여기에서 한계를 설정하는 것이 필요합니다.

내가 해서 마음이 상하지 않을 한도를 정하는 겁니다. 마음이 상할 것 같은 일은 상대방에게 완곡하게 하나씩 표현해 보는 것입니다.

V씨의 경우 선배 언니가 다시 기획서 작성을 도와달라고 했을 때 기획서 작성을 위한 프레젠테이션의 얼개를 잡고 시나리오를 짜는 선까지만 도와줄 수 있다고 한계를 정해 말했습니다.

'얘가 왜 이래?' 하는 표정으로 쳐다보는 선배 언니에게 이 이상은 저도 못 할 것 같고 혹시 마음에 안 드시면 전체를 다른 직원에게 맡겨도 괜찮다고 내심 쿨하게 말했습니다. V씨의 가슴속은 터질 듯 두근거렸지만요.

남들이 보기에는 어차피 선배 언니 일의 많은 부분을 해 주려는 V씨가 여전히 어리석어 보일 수도 있겠지만 V씨에게는 그것도 감지덕지입니다. 얼개를 잡는 것쯤이야 V씨에게 어차피 능숙한 파트의 일이라 시간을 많이 뺏지도 않기 때문입니다.

그보다는 다른 사람과 분담하고 싶다는 V씨의 의견이 관철되는 것이 더 중요했습니다. 선배 언니도 V씨의 거절이 뭐라고 말하기에는 애매할 정도의 거절이라 결국 승낙(?)하고 말았습니다.

잘하고 좋아하는 일을 시작합니다.

감정적인 향상을 얻는 쉬운 방법은 당신이 즐기는 활동을 하는 겁니다. 친구와 함께 식사하거나, 게임을 하거나, 공예를 하거나, 새로운 취미를 가지러 나가는 것이 필요합니다. 재미있는 일을 하는 것만으로도 정신적, 정서적 건강에 큰 도움이 될 수 있습니다. 남을 위해서가 아니라 자신을 위해 하는 일을 하면서 자존감을 올릴 수 있습니다.

더 나은 관계를 구축할 필요가 있습니다.

V씨의 경우는 사내에서 자신의 입장을 많이 대변해 준 선배 직원에게 감정적으로 의존했던 면모가 다소 있었습니다. 하지만 선배 언니와 같은 호의와 성격을 가지고 있으면서도 V씨의 무상 노동을 절대 바라지 않는 다른 선배들도 많았습니다.

그들과도 천천히 교류하기 시작하자 선배 언니의 영향력이 천천히 줄어드는 것을 느낄 수 있었습니다. 다른 사람들과 건강하면서도 상식적인 방식으로 상호작용하는 방법을 배우면서 V씨의 성격도 덩달아 많이 밝아졌습니다. 그녀는 최근 도움을 준 다른 여자 선배의 도움으로 업체 미팅도 무사히 해낼 수 있었고 답례로 밥을 같이 먹기로 약속했습니다.

자신에게 친절함으로 정신적, 정서적 건강을 증진해야 합니다.

예전에 V씨는 자신의 성격 탓을 많이 했습니다. 부당한 일을 시키는 사람보다는 스스로 더 가혹했고 비난을 퍼부었습니다.

사람은 내면적으로 악독할 만큼 자기비판을 할 수도 있고, 스스로 저지른 실수에 대해 자신을 가혹하게 판단할 수도 있습니다. 그러나 인간 모두는 실수하고 결함도 있습니다. 이러한 결점에도 불구하고 자기 수용은 행복의 열쇠가 됩니다.

스스로를 인정하고 받아들이는 것부터 시작해야 합니다. 그리고 자신에게 긍정적인 재평가를 하도록 해야 합니다.

긍정적인 정보와 긍정적인 사람을 자주 접해야 합니다.

우리 뇌는 더 많은 긍정적인 단어, 정보 및 기억이 많을수록 긍정적인 것을 떠올리기가 더 쉽다고 합니다.

자신의 선함이 잘못된 것이 아니라 오히려 좋은 것이며, 그런 것을 이용해 먹으려고 하는 사람이 잘못된 것이라는 피드백을 자신에게 주면서 V씨의 자존감도 많이 회복됐습니다.

V씨는 성격 개조를 위해서 상담센터를 적극적으로 이용했습니다. 그곳에서 긍정적이고 밝은 상담사를 만나면서 좋은 영향을 받기 시작했습니다. 상담사의 권유에 스피치 학원에도 등록해 자기 발표 훈련을 시작했습니다. 이후 놀랄 정도로 V씨는 성격이 밝아졌습니다.

나비포옹법으로 나를 자주 안아주세요, 위로해 주세요!

이렇게 노력했어도 가끔은 여전히 마음이 두렵고 불안합니다. 그럴 때는 계단 밑이나 화장실 같은 아무도 없는 공간으로 가서 '나비포옹법'으로 V씨는 자신을 꼭 안아줍니다. 그리고 생각합니다.

이 세상에 없으면 죽을 것 같던 것들, 나를 증명해 준다고 믿는 것들, 살아 있다고 느끼기 위해 했던 것들이 실은 그다지 필요하고 시급하고 중요한 것은 아니었다는 것을요. 가장 중요한 것은 바로 '나'라는 사실도 잊지 않았습니다.

자신을 사랑하고 삶을 소중히 여기는 마음은 누구나 가질 수 있지만 아무나 가질 수는 없습니다. 조금은 스스로를 껴안는 노력이 필요하다는 것을 깨닫는 일은 매우 중요합니다.

임계점을 넘기 전에
참지 마라

"물감이랑 마음이랑 다 똑같아.
아끼지 마. 그러다 굳어버려."

– 드라마 [호구의 사랑] 대사 중에서 –

사람마다 분노의 임계점이 다릅니다

타인에게 모욕적인 말을 듣든지 나의 능력을 깎아내리든지 하면 일단은 마음에 상처가 남습니다. 상처의 말을 들으면 인간의 몸에서 스트레스 호르몬인 '코르티솔(cortisol)'이 과다 분비되고 교감 신경계가 과도하게 활성화되어 신체 질환까지 유발합니다.

반면 좋은 말, 따뜻한 말, 고운 말 한마디는 누군가의 가슴에 씨앗처럼 떨어져 아주 오랜 시간이 흐른 후에도 위로와 용기라는 싹과 꽃으로 피어나는 경우가 있습니다.

물론 남이 내게 도를 넘는 말을 했거나 남이 내게 심한 욕을 했거나 남이 내게 독기 서린 말을 해도 내 것으로 잘 받아들이면 약이 됩니다. '비상도 잘만 쓰면 약'이 되는 것처럼요.

반면 남이 한 말을 마음에 오래 담아두거나 즉각 반발한다면 오히려 내가 깊은 상처를 입을 수도 있습니다.

이것은 무조건 참으라는 말이 아닙니다. 그들이 왜 그런 식으로 말을 하는지 잘 살펴서 이를 점검한 뒤에 반론해도 늦지 않다는 소리입니다.

그런데 임계점에 가까운 상처를 준다면 오히려 넘치기 전에 참지 않는 것이 서로를 위해 더 필요한 일일 수 있습니다. 넘친 다음 수습을 하려면 이미 많이 늦으니까요.

참다 참다 뒤늦게 폭발한들 이미 받은 모욕은 차고 넘쳤어도 이때껏 잘 참았는데 갑자기 웬일이야? 상대방이 오히려 황당해

할 수도 있습니다.

사람마다 각자의 한계점을 자극하는 요소가 다르고, 요소마다 자극받는 강도가 다릅니다.

내가 쉽게 화를 낸다면 그것은 내가 포용할 수 있는 임계점이 낮다는 것을 의미합니다. 분노의 임계점이 높다면 누가 봐도 화가 날 법한 상황 속에서고 숨을 고르고, 전열을 가다듬은 채 상대방을 똑바로 응시하여 그가 오히려 부끄러움을 느끼게 만들 수도 있습니다. 물론 너무 높아서 웬만한 모욕에도 반응을 하지 못하면 안되겠지만 말입니다.

적절한 임계점을 갖도록 노력해야 합니다.

인내하는 것이 화가 나지 않는 것을 의미하는 것은 아닙니다. 내 몸속에 생긴 화라는 감정이 그저 내 몸에 갇힌 것뿐입니다. 그러니 임계점에 다다를 때까지 인내하면 안 됩니다. 위험하고 폭발적인 잠재적 에너지로 축적된 그것들이 아주 작은 틈만 벌어지고, 계기만 생겨도 위협적으로 폭발할 수 있으니까요.

말로 입힌 상처는 칼로 입힌 상처보다 깊습니다

상처 주는 사람은 인지도 못 하는데 상처받은 사람은 가시처럼 박혀서 아픕니다. 상대를 낮추며 자신을 올리려는 사람들이 있습니다. 말을 생각 없이 뱉는 사람이 있습니다. 그런데 듣는 사람의 귀에서는 피가 날 수도 있습니다.

마음 같아서는 그 자리에서 바로 대거리를 하거나 호탕하게 할 말 다 해버려 풀 것 바로바로 풀고 넘어가고 싶기도 합니다. 하지만 성격이 유순하고 약한 사람은 가만히 집에 돌아가서 온종일 혹은 몇 날 며칠을 곱씹으며 억울해할 뿐입니다.

직장이든, 친구 사이든, 선후배 관계든, 가족 간에든 살다 보면 싫은 소리를 해야 하는 순간이 있습니다. 상대를 생각해서 하는 말이지만 상대의 감정선을 건드리지 않으면서 내 마음을 전하기란 쉽지 않습니다.

거절도 그렇습니다. 부탁을 거절하자니 좋은 관계가 어그러질까 부담스럽고 부탁을 들어주자니 뒷감당이 부담스럽습니다.

상대에게 상처 주지 않으면서도 원하는 것을 얻어내는 말의 전략이 있습니다. 바로 '샌드위치 전략'입니다. 미국의 유명한 사업가 메리 캐이 애쉬가 상대방을 비판할 때 반드시 이렇게 말했다고 해서 유명해진 방법입니다.

상대를 비판할 때는 반드시 그의 장점을 먼저 말하고 필요한 비판을 한 다음에 다시 장점을 말합니다. 두 개의 칭찬 사이에 작은 비판 하나를 끼워 넣는 겁니다.

상대는 대부분 적의 없이 비판을 받아들이게 됩니다.

나쁜 사람은 아닌데 말로 상처를 주는 사람들이 있습니다. 또한 나쁜 말은 아닌데 쓸데없는 말로 상처를 주는 이들도 있습니다.

하지만 이 뾰족한 사람들을, 그들의 뾰족한 말을 내가 다 해결하려고 하면 안 됩니다.

내가 바꿀 수 없는 것을 바꾸겠다고 생각하면 삶이 고달파집니다. 그중 하나가 타인의 감정과 생각, 그리고 언행입니다. 스스로 자기 생각과 감정도 통제할 수 없는데 타인의 감정을 통제하려고 하는 것 자체가 어려운 일입니다.

이런 이유로 나에게 말로 상처 주는 사람을 바꾸려고 하지 않는 게 좋습니다. 마냥 그냥 참고 견디라는 얘기가 아닙니다. 굳이 자신을 통제하지 못하고 남한테 상처 주는 사람에게 복수하려고 하면 나만 피곤해집니다.

내 속이 시원하려고 말 한마디 쏘아 봤자 그들과 똑같은 사람이 됩니다. 내 한마디가 부지깽이처럼 그들을 쑤석거려 그들의 모진 열 마디로 화르륵 피어날지도 모릅니다.

대신 타인의 감정과 생각은 통제할 수 없지만 현재 나의 가치관, 행동, 태도는 통제할 수 있습니다. 통제할 수 있는 영역에만 집중하다 보면 복잡해 보였던 일도 수월하게 풀리는 경우가 있습니다.

나 자신이 어떤 가치관, 행동, 태도를 가지면서 살고 싶은지 깊이 고민하는 시간을 가질 필요가 있습니다. 지금 당장 기분 나쁨을 털어내기 위해 내 가치관에 반대되는 행동(모욕을 준 이에게 어설프게 욕하거나 반항하느니 차라리 무시하는 것이 더 마음 편할 수도 있습니다)을 한다면 본인이 더 불편할 수 있습니다.

254

상처가 되는 말에 대처하는 법

상처가 되는 말이 도저히 용서되지 않는다면 바로 그 말에 대처해야 합니다.

말로 상처를 쉽게 받아서 그 상처가 너무 깊이 박히는 사람이 있습니다. 상처 주는 말에 둔감해지면 가장 좋겠지만 말처럼 쉽지 않습니다. 둔감해져야 한다고 자꾸 생각하면 할수록 더 예민해지게 됩니다. 그러면 어떻게 하는 것이 좋을까요?

먼저 그 상처를 주는 말이 나온 배경을 파악해야 합니다. 진짜나 때문에 상대방이 이런 말을 내뱉은 것인지 성찰해야 합니다. 하지만 나 때문이 아니라면 그 말의 주인이 내가 아님을 명확히 하고 되돌려 주면 됩니다.

불친절한 말은 대개 상처나 불안감에서 비롯됩니다. 그 말을 한 사람이 어떤 일을 겪고 있는지 고려하고, 당신이 할 수 있는 일이나 도움이 되는 말을 생각해 볼 필요가 있습니다. 잔인하고 무례한 말로 상처 준 사람들에게 오히려 연락하고 도움을 줌으로써 자존감을 높일 수도 있을 겁니다.

그 상처를 주는 말로 인해 내가 받은 감정 상태를 정확히 설명해 줘야 합니다. 의외로 상대방은 내가 얼마나 아프고 힘든지 잘모를 수 있습니다. 그 사람도 자기 기분에 취해 있기 때문입니다. 그가 준 상처의 말이 내게 엄청난 부정적 영향을 미쳤는지를 조목조목 말해 줘야 합니다.

상처를 준 사람에게 그 말을 거둘 기회를 주는 것도 나쁘지 않습니다. 만약 거둘 생각이 없다면 결별 또는 응징에 대한 예고를 해주는 것도 좋습니다. 그럼에도 불구하고 거두지 않는다면 그런 사람은 '리셋'해야 합니다.

잘사는 것이 최고의 복수입니다. 자신의 행복을 소홀히 하면 상처가 된 말들로 인해 더 고통스러울 겁니다. 스스로를 사랑하고 친절하게 대함으로써, 다른 사람들의 부정적인 말과 행동에 대응해야 합니다. 여러 가지 방법들로 이를 실천할 수 있습니다.

당신이 가장 좋아하는 긍정적인 활동들의 목록을 작성하고, 매일 그 일을 하기 위해 노력해야 합니다. 예를 들어, 맛있는 것을 먹고 사랑하는 가족과 반려견과 산책하고 좋은 향이 나는 편백나무 침대에서 잠을 자는 것입니다.

당신을 비판하거나 깎아내리는 부정적이고 심술궂은 사람들과 보내는 시간을 줄입니다. 대신 당신을 소중히 여기고 도움이 되는 사람들과 머리를 맞대고 수다를 떨어도 좋습니다.

'마이웨이'를 유지하면서 즐겁게 사는 것만큼 큰 복수는 없습니다. 날마다 하나의 버킷리스트라도 만들어 그걸 실행하려고 노력하세요. 그런 의미에서 '행복'은 '동사'입니다.

다른 사람들과 상처받은 감정을 나누는 것도 매우 중요합니다. 다른 사람들을 위해 좋은 일을 함으로써 자신의 감정적인 치유를 촉진할 수 있습니다. 일상생활과 지역사회에서 사람들과 긍정적인 교류를 더 많이 하고 나의 선함이 선순환되는 기적에 맘껏 취해 보세요.

상처를 주는 사람이 만약 사랑하는 사이라면 어떻게 해야 할까요?

그럼에도 불구하고 당신에게 함부로 말하는 것을 허락하지 말아야 합니다. 말을 함부로 하는 사람은 행동도 함부로 할 확률이 높습니다.

나에게 상처를 준 말과 행동을 똑같이 그에게 '미러링(mirroring)*' 해 보세요. 추악한 본인의 모습에 화들짝 놀라 개선하면 사랑을 지속하고, 그럼에도 불구하고 지속되면 사랑을 버리세요. 그딴 건 감히 사랑이 아니니까요.

---

* 무의식적인 모방인 행위

80%는 선하게,
20%는 맵게

"네 탓 하지 말고
그렇게 만들어 놓은 남 탓부터 해"

– 드라마 [런 온] 대사 중에서 –

호구의 탄생

호구가 처음부터 호구였던 것은 아닙니다. 그런데 우리는 착한 사람들을 이용하고 뒤통수를 치는 나쁜 사람들과 세태를 탓하면서도 우리 사회 속에서 회자되는 그 호구가 원래는 어떤 사람이었는지에 대해서는 그리 관심이 없습니다. 이미 덧씌워진 이미지들이 그들의 좋은 면모를 가리기 때문인지는 모르겠습니다.

사실 착한 사람들은 진정성 있고 공감과 소통을 잘하는 사람들입니다. 그런데 문제는 모든 상황에서 그렇게 하려는 마음가짐에서 비롯됩니다.

대개 모두를 기쁘게 하려고 들기 때문에 상대방에게 불편하더라도 솔직한 피드백을 주기보다는 좋은 말로 찬사나 위로만 하려고 듭니다.

착한 사람들은 타인에게 미움받는 것을 매우 두려워하는 사람들입니다. 뭔가를 이루려는 것보다는 상대방의 감정에 과도하게 예민해합니다.

그런데 이 세상 사람 중에는 그런 성향의 반대지점에 있는 사람들도 많습니다.

셈이 빠르고 정치력이 강하고, 남의 감정보다는 눈앞의 결과나 목표가 중요한 사람들이 있습니다. 이런 사람들은 착한 사람들을 '호구'로 여기는 경우도 종종 있습니다.

계산이 빠르고 정치적인 그들은 착한 사람들이 이용하거나 그를 희생양으로 쓰기에 매우 좋은 '패'라는 것을 압니다. 당해도 욱- 반항하거나 큰 소리로 항변을 못 하니까 얼마나 좋았을까요? 게다가 가만히 보면 못된 정치꾼을 탓하지도 않고 이건 뭐 본인 탓하기 바쁘니 이용해 먹는다는 죄책감도 별로 주지 않는 '유순한 피해자'였던 탓도 큽니다.

이런 정치꾼과 악동들한테 놀아나지 않으려면 어떻게 해야 할까요?

단순합니다. 착함과 단호함을 잘 조화하면 됩니다. 어렵지 않습니다. 단순하게 보고 실천하면 됩니다. 착하고 좋은 사람이라는 장점을 버릴 필요는 없습니다. 하지만 20%라는, 맵고 단호한 마지노선을 절대 놓지 말아야 합니다.

평소에는 부드러워 보이지만 필요할 때는 매우 강할 필요가 있습니다. 상황에 따라서 솔직한 피드백을 제공하고 신랄하게 표현해야 합니다. 상대방이 무례하거나 잘못하는 부분에 대해서는 크게 질타하거나 지도하여 해당 문제가 심각한 것임을 각인시켜야 합니다.

어떤 부분이든 자신을 타인과 사적으로 섞지 않고 경계를 설정해야 합니다. 사람을 배려해야 하지만, 자신을 죽이면서까지 배려할 필요가 없습니다.

나의 것은 움켜쥐고 나의 장점을 어필하고 심한 경우 미움받아도 어쩔 수 없다라는 생각을 해야 합니다.

약자에게는 약하지만, 강자에게는 강해야 합니다.

'호구'는 약자에게 약하고 강자에게도 약합니다. 그냥 다 약합니다. 강약이 없는 삶은 늘상 고통인지라 지루할 지경이 될 것입니다. 한 번만 '씨게-'" 나가 보세요! 경중이 있겠지만 이전과 다른 '기적'이 일어날 것입니다.

착해야 한다는 강박관념에서 벗어나세요

『페퍼로니 전략』이란 책에서 "80%는 선하게 20%는 맵게 대하라!"는 말이 나옵니다. "선하기만 하면 이용만 당하는 법이고, 선하면서도 남들이 함부로 할 수 없는 존중받는 사람이 돼야 한다."라는 말도 있습니다.

착해야 한다는 강박에서 벗어나야 행복해질 수 있습니다. 그런 착함이 자신의 처지를 잊거나 원치 않는 상황까지 감내해야 한다는 결론이라면 착할 필요가 없습니다.

그런데 우리나라를 비롯한 동양권에서는 인의예지를 중요하게 여깁니다. 특히 천륜이라든지 혈육이 얽힌 문제에서는 단호하기가 참으로 어렵습니다.

** '세계'의 경상도 사투리

W씨의 남편은 정말 법 없이도 살 정도로 성실하고 착한 사람입니다. 부모들에게도 잘하는 효자에 아내에게도 다정다감합니다. 그런데 결혼 이후에도 잘 몰랐지만 살면서 알게 된 W씨 남편의 사연은 너무도 기구했습니다.

시부모는 어릴 때부터 자식이라며 그녀의 남편을 낳아놓기만 했지, 부모 노릇을 제대로 한 적이 한 번도 없었습니다.

어릴 때 시어머니는 3년 넘게 집을 나간 적이 있었고 화가 난 시아버지도 그 기간 똑같이 집을 나가서 전국을 떠돌며 집에 들어온 법이 없었다고 합니다. 그렇게 남겨진 어린 W씨의 남편과 시누이는 친할머니의 손에서 불쌍하게 컸습니다.

친할머니는 매정한 성격의 소유자라 집을 나간 며느리의 자식이라고 해서 어린 그들을 거의 학대하듯이 키웠습니다. 한겨울에도 헐벗게 하고 음식도 제대로 주지 않았습니다. W씨의 남편과 시누이는 남의 집에 동냥해서 거의 빌어먹고 살 정도였습니다.

몇 년 후 다시 가족들이 모여 합가해 살았지만, 어린 시절의 기억은 W씨 남편에게 커다란 상처가 되었습니다. 하지만 성인이 되어서도 W씨의 시부모는 변함이 없었습니다. 자식들이 부모에게 뭔가를 해주기를 바란 적도 감히 없지만, 그들은 먼저 늘 자녀들에게 손을 벌리고 부양에 대한 책임감만 강조했습니다.

그런 부모를 보면서 화가 나기도 하지만 참으면서 효도하던 W씨의 남편은 시아버지가 큰 돈 사고를 치고, 시어머니가 분에 맞지 않는 사치를 하자 폭발하고 말았습니다. 생전 처음으로 큰 소리로 대들었습니다.

어느 날, 술을 잔뜩 먹고 시부모에게 왜 그랬냐고 소리치던 남편의 모습이 아내로서 너무 속상했는데 시부모의 적반하장식 태도를 보고 더 화가 나 버렸습니다.

"그래서 어쩌라고… 지금에 와서 해 줄 것도 없는데… 못났다. 과거에 사로잡혀서…."

W씨는 그녀의 남편이 바란 것은 늦었지만 따스하고 진심 어린 사과와 지금부터라도 오붓한 정을 나누자는 말이었다는 것을 알고 있었습니다.

하지만 그 이후 W씨의 남편은 시름시름 마음의 병을 앓았습니다. 그녀가 보기에 남편의 우울증은 오래된 상처에서 비롯된 것이었습니다.

어린 시절부터 성인이 된 이후에도 이어진 부모의 방임과 무관심에 비록 그의 몸은 다 자랐어도 마음 속에는 아직도 어린 7살의 그가 울고 있었던 겁니다.

그 이후 남편의 울화는 더 심해졌습니다. 이따금 아내인 W씨와 자녀들에게도 짜증을 부렸습니다. W씨는 돌덩어리를 몇십 년 동안 가슴 위에 올려놓고 사는 남편이 가여웠습니다.

뒤늦은 분노 그리고 찾아온 인생의 허무함.

처음에는 남편에게 그런 부모 밑에서도 이렇게 훌륭한 부모로서 남편으로서 잘한다고 다독였지만, 부모가 있어도 어른 고아의 신세를 면치 못한 자신에 대한 연민으로, 분노로 하루하루 메말라 가는 남편을 바라보면서 W씨는 결단을 내릴 수밖에 없었습니다.

시부모를 향한 최소한의 효도는 W씨가 할 테니 당신은 이제부터 부모를 버리라고 모질게 말했습니다. 그 이후 어떻게 됐을까요? 여전히 W씨 남편은 도리를 다하지만, 예전만큼 부모에게 집착하지 않습니다.

어쩌면 내심 그 나름의 방식으로 부모를 버렸기 때문인 게 아닌가 싶었습니다.

내 남편 내가 지킨다는 생각으로 시부모와의 접촉은 W씨가 전담했습니다. 시어머니는 왜 아들이 자주 안 오냐고 닦달하지만, W씨는 뒤늦게나마 그런 남편의 결정에 찬성했습니다.

W씨의 기계적이고도 무감정한 효도는 멈추지 않지만 가끔은 W씨조차도 이들의 몰염치에 걸레를 패대기치고 싶은 욕망을 애써 참아야 했습니다.

무던한 부모 밑에서 그 기질에 생채기 나지 않고 맑고 선하게 자란 사람들은 참 부러운 사람입니다. 가학적인 부모 아래에서 온갖 상처를 덕지덕지 입고 자라는 자식들도 많습니다. 그런 부모 아래에서도 좋은 인성을 갖고 자라는 사람은 정말 선한 사람입니다.

하지만 그런 선함 역시 계속 악의 곁에 있으면 훼손당하거나 변질되고 맙니다. 근묵자흑(近墨者黑)은 사람에게도 적용됩니다.

그럴 때는 모질고 나쁜 사람도 돼야 합니다. 선량함을 지키기 위해서는 단호함도 있어야 합니다. 남의 음험한 속내나 악의도 잘 파악하는 분별력도 있어야 합니다.

그래야 삶의 균형이 잡히고, 사랑하는 사람들에게만이라도 더 집중할 수 있는 동력을 얻을 수 있습니다.

못된 사람들에게는
삶처럼

"좀 헤매기도 하고 돌아가기도 하고 그러는 거죠.
그렇게 사니까 인생이 알아서 재밌는 방향으로 굴러가던데요?"

– 드라마 [갯마을 차차차] 대사 중에서 –

호의의 호혜성

심리학에는 '호의의 호혜성'이라는 이론이 있습니다.

상대방을 호의적으로 대하면 상대방이 호의적으로 대하는 '호의의 보답성'이 있습니다. 반대로 싫어하거나 나쁘게 평가하는 사람이 나를 싫어하는 '혐오의 보답성'이 있습니다.

"가는 말이 고와야 오는 말이 곱다."는 '호의의 보답성'을 뜻합니다. 다만 "미운 놈 떡 하나 더 준다."라는 말은 이런 '호의의 호혜성'에서 좀 예외적인, '반동 형성'이라고 말하는 심리학적인 기제일 뿐입니다. 즉 속마음과 다르게 상대로부터의 비난이나 처벌이 두렵거나 양심에 찔려서 반대로 행동하는 것일 뿐입니다.

상대방을 좋게 대했음에도 내게 못되게 구는 사람은 이런 '호의의 호혜성'이라는 상식이 탑재되지 않은 막된 사람입니다.

그렇다면 어떻게 해야 할까요?

어떤 식으로 하든 나를 미워하는 사람을 더 좋아할 필요는 없습니다. 바보가 아닌 이상 그런 사람에게 마음을 못 끊어낼 이유는 전혀 없습니다. 그런 사람과의 인간관계는 과감히 '리셋'을 해도 됩니다.

물론 요새 말하는 '리셋 증후군'을 풀로 시전하라는 소리는 아닙니다.

현대 사회에서는 인간관계로 인한 스트레스를 해소하기 위해

애당초 맺고 있었던 기존 인간관계 자체를 아예 다 끊어버리는 '리셋 증후군'을 전개하는 사람들도 많이 늘고 있습니다. 마치 리셋 버튼을 눌러 컴퓨터 시스템을 재부팅 하는 것처럼 인간관계 자체를 초기화하는 것이죠.

이는 상대가 마음에 안 들면 이를 풀려고 노력하기보다는 그냥 단절하고, 다른 사람과 새로운 만남을 시작하는 것입니다. 극단적인 경우, 좋아하는 친구라도 싫어하는 사람과 연결됐을 경우 모두 리셋 대상에 포함하기도 합니다. '일부 삭제'가 아니라 그 일부와 연결된 사람들까지 '전부 삭제'를 하는 것입니다.

주변에서 생각 외로 이렇게 인간관계를 정리하는 사람들이 많습니다.

휴대폰에 있는 연락처를 모두 지우고 SNS 계정을 탈퇴하기도 합니다. 아예 낯선 지역으로 이사를 하고 새로운 직장으로 옮겨가기도 합니다. 직장에서 자신을 괴롭히는 선배, 얕잡아보는 후배 등 껄끄러운 상대가 있다면 퇴사 등의 방법으로 환경을 바꾸는 사람들은 이전에 맺었던 네트워크의 사람들을 선별해서 혹은 깡그리 연락처에서 지우기도 합니다.

물론 이들 모두가 타인과의 관계에서 꼭 '지옥'을 맛봤던 사람이기 때문이라는 소리는 아닙니다. 하지만 사람한테 서툴고 잘 스트레스 받고 혼자가 좋고 아니면 상처를 많이 받은 사람들이라면 선뜻 생각해 볼 선택지로 '리셋'을 쉽게 떠올리는 일은 점점 많아지고 있습니다. 하지만 부작용이 많은 이 인간관계 리셋을 적극적으로 권하고 싶은 생각은 없습니다.

페이드아웃으로 천천히, 조용히 그들을 정리하라

인연을 끊은 뒤 어떻게 될지를 한번 진지하게 생각할 필요가 있습니다. 별생각 없이 관계를 끊었는데 이것이 당신에게, 당신의 사회적인 삶에 큰 마이너스가 될 수도 있기 때문입니다.

상대는 불쾌한 마음에 지인 모두에게 당신의 험담을 퍼뜨릴 수 있습니다. 또 보복도 충분히 가능합니다.

어떤 사람과 인연을 끊는 것이 정말 필요한지 심사숙고하고, 그래도 인연을 끊고 싶다면 점차 멀어지는 방법을 선택하세요! 마치 영화의 마지막 장면이나 전환 장면에서 천천히 흐려지는 '페이드아웃' 기법처럼요.

마음에 들지 않고 나를 힘들게 하는 사람들이 있다면 기본적으로는 티나지 않게, 인간적인 감정을 삭제하고 사무적으로 대응해 멀어지는 것이 최선입니다.

'호의의 호혜성'에서 극단적인 이분법이 아닌 척도법을 사용할 것을 권합니다. '100' 아니면 '0'의 관계를 맺은 인간관계는 절대 있을 수 없습니다. '내 편' 아니면 '적'이라는 존재는 이 세상에 없을뿐더러 그 사고방식은 매우 위험합니다.

내 편이라고 생각했던 사람도 어떤 일이 있을 때 내게 상처를 줄 때도 있고, 적이라고 생각했던 사람에게서 의외의 위로나 도움을 받을 수도 있는 법입니다.

이분법에서 벗어나서 인간관계 정리를 위해서 사람들을 분류해야 할 때는 척도법을 사용하시기 바랍니다.

내 편도 내 적도 아닌 중간지대를 50으로 선정한 후 60, 70, 80, 90인 사람들에게는 호의적으로 대하고, 40, 30, 20, 10인 사람들에게는 마음속에서 몇 번의 기회를 준 다음 그래도 나를 힘들게 하면 과감하게 정리하는 것이 낫습니다.

그렇다고는 해도 갑작스레 인연을 끊는 건 신중해야 할 일입니다. 본래 누군가를 '싫다'라고 느끼고 그 사람과의 관계를 끊기까지는 몇 단계를 거치게 됩니다.

난데없이 연락을 끊는 것은 정신적으로 상당한 한계에 부딪혔거나 뚜렷한 악의를 감지했을 때나 가능합니다. 물론 정신적 · 신체적인 폭력 등 피해가 분명히 있다면 바로 절교해야 합니다. 가장 중요한 것은 자신의 몸과 마음이므로, 이를 위협하는 상황이라면 즉시 리셋하는 편이 훨씬 좋습니다.

악의를 가진 사람들은 감정적으로 선하고 자신들보다 더 유순한 이들을 기가 막히게 알아보는 감식안이 있습니다. 드라마 [더 글로리]에서 악의에 가득 찬 이들을 향해 복수를 꿈꾸는 여자가 자신이 과외로 가르치는 학생으로부터 성희롱을 받을 때 마음속으로 괴롭게 외치는 대사가 있습니다.

"너희들은 나를 어떻게 알아보는 걸까?"

그런 감식안을 가진 사람들이 더는 가족, 학교, 사회, 세상 속에서 곰팡이 포자처럼 확 퍼져서 기생하지 않기를 바랍니다.

효율적이고 건강하게 분노하자

"그래, 꽃길은 사실 비포장도로야.
할 수 있다, 할 수 있다."

– 드라마 [멜로가 체질] 대사 중에서 –

보고만 있어도 예쁘고 사랑스러운 꽃길.

인위적으로 조성한 화단의 꽃보다는 길가에서 서로를 의지하면서 풍성하게 피워낸 들꽃이 너울대는 꽃길이 더 아름다운 법입니다. 그런데 아름다움에 눈길을 빼앗겨 우리가 잊고 있는 사실이 하나 있습니다. 바로 그 꽃길이 사실은 울퉁불퉁 험한 비포장도로나 노지에 형성돼 있다는 사실이죠.

거칠고 힘든 환경 속에서 아름답게 자라는 꽃처럼 고난 속에서도 맑고 곱게 자라는 사람들이 있습니다.

"사람은 누구나 타고난 그릇이 있지만 그릇 대부분은 고난을 겪으면서 커지는 것이 아니라 짜부라진다."

한 국내 정치인의 어머니가 한 말이라고 합니다.

착한 기질을 타고난 사람도 세파에 찌들어 변질되는 것이 더 쉬운 세상입니다. 그래서 그 선한 기질을 영롱하게 지켜나가는 사람이야말로 정말 강한 사람이라고 할 수 있습니다.

저는 '외유내강'이라는 말을 좋아합니다. 보이기에 순하고 실제로도 기질이 순한 사람인데도 내면적으로는 강도를 견디는 힘이 있는 사람들이 있습니다. 물론 그 강함은 그냥 갖춰지지는 않았을 거라고 확신합니다.

온화하면서도 아름다운 삶이 세상 누구로부터도 훼손되지 않을 강도를 갖추기 위해서 그만큼 고된 담금질을 견디어 낸 시간이 있었을 거라고 생각합니다. 거센 폭우나 뜨거운 태양, 지분거리는 해충 등을 견딜 수 있어야 아름답게 피어나는 들꽃처럼요.

순하고 착한 사람들을 호구로 보는 못된 사람들을 다룰 줄 아는 힘이 있어야 합니다.

착하기만 한 게 아니라 못된 사람들을 다룰 줄도 알고 주위의 환경에 끌려다니는 것이 아닌 내가 조절해서 만들어 가는 사람이 되어야 합니다. 쉽지는 않지만 불가능한 일도 아닐 것입니다.

이 말이 엄청난 일에도 눈 하나 깜빡하지 않는 포커페이스와 무쇠의 심장을 가지라는 소리가 결코 아닙니다. 애당초 온순한 사람들은 그렇게 생겨 먹지 못한 가슴이니 그런 불가능한 소리는 하등 쓸데없는 조언이니까요.

다만 적절한 상황에서 적절하게 분노할 줄 알아야 하는 적정선에 대해 늘 고찰하고 견지하자는 이야기입니다.

깊은 상처를 입고 큰 배신을 당해도 동네북처럼 아무나 괴롭히도록 무력하게 자기 자신을 방기해서는 안 된다는 말입니다.

효율적이고 건강하게 화를 내는 방법을 알아야 합니다

보통 온화한 기질을 가진 사람들이 공격적인 기질을 가진 사람들보다 삶의 만족도가 높고 더 건강하고 행복하다고 믿는 경향이 있습니다. 하지만 여기에는 전제조건이 있습니다.

온화한 기질이어서 화를 내지 못하는 사람이 아니라 적절하게 화를 발산하고 자신의 온화함을 지킬 수 있는 강인함이 있는 사람이어야 한다는 전제조건 말입니다.

계속 참기만 하면 안 됩니다. 임계점을 넘는 경우 도화선 불이 붙어 터져버릴 수 있습니다. 그러면 모든 남에게도 타격감을 주겠지만 본인조차도 내상을 입을 수 있습니다.

화는 부어지는 대상이 아니라 담고 있는 사람의 내면을 더 빨리 망가뜨리는 법이라고 했으니까요.

건강한 분노는 적절한 시점에 잘 터트리는 것입니다. 너무 이르게 분노를 터트리면 본인만 이상한 사람이 되고, 그렇다고 너무 늦게 분노를 터뜨리면 효과성이나 설득력이 현저히 줍니다.

분노의 상황이 발생하자마자 바로 섣불리 터뜨려서도 안 됩니다. 분노하게 된 상황의 경위에 대해 사유하면서 분노의 정당성이나 분노하게 된 이유를 성찰하고 숙고하십시오. 그럼에도 불구하고 정당치 못한 상황이라는 것을 인지했다면 그 즉시 분노를 표현해야 합니다.

문제는 아무리 정당한 분노라도 이를 표출하는 것 자체가 온순한 사람들에게는 절대 쉽지 않다는 사실입니다. 그래서 적절하게 화를 내는 것도 많은 연습이 필요합니다.

온순한 사람들이 그들을 빡치게(?) 만드는 유형별 상황을 평소에도 떠올려보고 화를 어떻게 낼 것인가 시뮬레이션을 많이 해야 합니다. '저항'과 '질타', '논리정연'의 언어가 입에 쪽쪽 붙어 표현이 가능해지도록 연습해야 합니다.

누구에게나 정당성을 인정받을 수 있게 건강하게 분노를 표출하는 방법은 무엇일까요?

꼭 필요한 경우 화를 내되 다음과 같이 효과적인 방법으로 화내기를 권합니다.

나를 지키기 위해 효과적으로 화를 내는 방법은 숨을 먼저 고르고 음성은 될 수 있으면 낮추고 말은 천천히 하며 단호해야 합니다. 이때 최대한 예의를 갖춰야 합니다.

화가 난다고 형식이나 예의를 갖추지 않은 것에 대해 역으로 공격당할 빌미를 아예 제공하지 말아야 합니다.

내가 화를 낼 때 상대방이 당황하거나 분노하는 등의 그 사람 기분에 좌지우지 당하지 말아야 합니다. 절대 말에 감정을 싣지 말아야 합니다. 무엇보다 한 박자 쉬면서 한 번 더 생각해 보고 화를 내야 합니다.

침착하게 원하는 것, 화가 나는 이유를 설득력 있게 나열해야 합니다. 침착해야만 더 옳은 말과 이성적인 말들을 할 수가 있습니다.

화만 내고 내가 화난 이유를 전달하지 못하면 말짱 도루묵입니다. 화가 난 이유가 잘 전달돼야만 그제야 동등한 테이블에 같이 앉을 수 있습니다. 내가 불확실하게 말하면 그저 감정에 휘둘려 막말하는 사람으로만 됩니다.

상대방이 화를 낸다고 같이 화를 내는 것이 아니라 오히려 상대방이 화를 내다 제풀에 떨어져서 나가게 만들어야 합니다.

상대방의 자극적인 말을 무시하고 화를 내는 상대를 보며 사실 위주로 단순하게 질문하고 대답해야 합니다. 상대방이 장황해도 나는 최대한 간결하게 받아칠수록 감정에 휘둘릴 가능성이 낮아집니다.

감정을 소모하지 않고, 싸우지도 않고 똑똑하게 내는 분노는 건강합니다.

이런 건강한 분노는 건설적이고 상생하는 분노입니다.

누군가를 상하게 하거나 나락으로 보내는 말들이 아니라 궁극적으로는 상대방까지도 위하는 분노입니다.

이처럼 분노도 잘 내야 자신이 다치지 않고, 자신의 온순함도 견고하게 지킬 수 있습니다. 우리 모두 타고난 내 밥그릇은 짜부라뜨리지 않고 온전히 지킬 줄 아는 사람이 되기를 바라며 글을 마칩니다.

권선복
도서출판 행복에너지 대표이사

출판사의 수장으로서 그동안 문학, 경제, 사회, 정치, 심리, 철학, 종교 등의 다양한 분야의 도서를 세상에 내놓았지만, 『호구의 탄생』의 출간만큼 감회가 남다른 책도 또 없다. 이 책의 저자인 조정아 작가는 행복에너지 출판사가 신생 딱지를 벗고 나래를 펼치기 시작할 때쯤부터 알았던 작가로, 이미 10년 가까이 나와 특별한 연을 맺고 있다. 『범죄의 탄생』이라는 책으로 출판계에 데뷔한 것도 우리 행복에너지를 통해서였다. 또한 그녀가 영화 '귀향'을 각색하고 극장에 개봉됐을 때나 역시 기꺼운 마음으로 그녀를 응원하고 영화 '귀향'의 후원자를 자처하기도 했었다.

"무골호인(無骨好人)"이란 말이 있다. 직역하면 뼈가 없이 좋은 사람이란 뜻이다. 그러나 사전적 의미로는 줏대가 없이 두루뭉술하고 순하여 남의 비위를 맞추는 사람이란 의미로, 요즘 말로 하면 '호구'와 같은 의미다. 무골호인이란 원래의 긍정적 의미와는 달리 어느새 착하고 선한 사람들이 갑이 아닌 을이 되어 더 손해 보고 이용당하는 세상이 된 것이다.

이 책은 그렇게 매번 당하기만 하는, 착하지만 바보 같은 '호구'들을 위한 책이다. 그들이 자신의 틀을 깨고 한 걸음 더 내디뎌서 이 냉혹한 사회에서 호구 잡히지 않고 행복해지는 구체적 방법을 제시한다. 저자의 바람처럼 책 『호구의 탄생』을 통해 이 땅의 착한 이들이 분노와 절망 대신 힘과 용기를 얻고, 그 선한 영향력이 대한민국 방방곡곡에 전파되어 보다 많은 사람에게 행복과 긍정 에너지가 팡팡팡 샘솟기를 기원한다.

'행복에너지'의 해피 대한민국 프로젝트!

〈모교 책 보내기 운동〉 〈군부대 책 보내기 운동〉

한 권의 책은 한 사람의 인생을 바꾸는 힘을 가지고 있습니다. 한 사람의 인생이 바뀌면 한 나라의 국운이 바뀝니다. 그럼에도 불구하고 많은 학교의 도서관이 가난하며 나라를 지키는 군인들은 사회와 단절되어 자기계발을 하기 어렵습니다. 저희 행복에너지에서는 베스트셀러와 각종 기관에서 우수도서로 선정된 도서를 중심으로 〈모교 책 보내기 운동〉과 〈군부대 책 보내기 운동〉을 펼치고 있습니다. 책을 제공해 주시면 수요기관에서 감사장과 함께 기부금 영수증을 받을 수 있어 좋은 일에 따르는 적절한 세액 공제의 혜택도 뒤따르게 됩니다. 대한민국의 미래, 젊은이들에게 좋은 책을 보내주십시오. 독자 여러분의 자랑스러운 모교와 군부대에 보내진 한 권의 책은 더 크게 성장할 대한민국의 발판이 될 것입니다.